Barbara Rias-Bucher

Die besten QUICHES und Tartes

Bassermann

Inhalt

Die Pilzquiche mit Schinken und Käse schmeckt immer.

Nicht nur für Vegetarier: die Gemüsepizza.

Provenzalische Kräuter und Tomaten – die Sommerkombination.

Frühlingsleichter Gemüsegenuss mit Spargel und Zuckerschoten.

Mit frischer, säuerlicher Note: rote Johannisbeertarte.

Quiche & Co.

Die französische Quiche ist grundsätzlich ein dünner Boden aus Mürbe- oder Blätterteig mit herzhaftem oder süßem Belag. Eine der berühmten Spezialitäten ist die Quiche Lorraine oder Lothringer Speckkuchen, die man lauwarm – meist mit trockenem Weißwein – serviert.

Nicht nur aus der Mittelmeerküche

In zahlreichen Ländern gehören herzhafte Kuchen zur kulinarischen Tradition. Rund ums Mittelmeer ist es viele Wochen im Jahr für kräftige Hauptgerichte einfach zu heiß, und ein saftiger, lauwarmer oder kalter Kuchen mit etwas frischem Gemüse oder Salat als Begleiter stillt den Hunger genauso. Badischer Zwiebelkuchen und Schweizer Käsewähe wurden erfunden, weil man auf den Teigresten vom Brotbacken alle nahrhaften Zutaten vereinen konnte, die im bäuerlichen Haushalt ohnehin zur Verfügung standen – Sahne und Eier, Milch und Käse, Speck und Zwiebeln, Wurst- und Fleischreste, getrocknetes und frisches Obst. Damit bekam man eine Menge Leute satt und konnte sparsam wirtschaften. Viele der typischen Schweizer Wähen fallen übrigens durch die Kombination von würzigem Käse, Speck und süßem Obst auf.

Einfache Kuchen aus den einstigen Garküchen wurden im Lauf der Zeit verfeinert und zur Spezialität einer Region erklärt: Die Pizza stammt zwar gewiss nicht aus Neapel, doch sie ist mittlerweile so untrennbar mit Italien verbunden, dass ähnliche Blechkuchen wie Genueser Focaccia mit Olivenöl, Kräutern und Salz, die römische Version mit Zwiebeln und Öl oder Pissaladière aus Südfrankreich neben dieser kulinarischen Berühmtheit geradezu unbekannt wirken.

Vor allem in den klassischen »Vorspeisen-Ländern« Spanien, Frankreich, Italien, Türkei oder Griechenland bekommt man die köstlichsten dieser pikanten Kuchenstückchen – mit einem Aperitif als Auftakt zum großen Menü oder mit einem Gläschen Wein als Abschluss des Arbeitstages, bevor man nach Hause zum Essen geht.

Daher der Name

Das Wort »Quiche« soll aus dem Deutschen über den elsass-lothringischen Dialekt ins Französische gelangt sein: Aus Küche wurde Kiche und schließlich Quiche. Die Verbindung von Küche und Kuchen liegt nahe, doch vermutlich sind die Begriffe nicht miteinander verwandt. Man hat nur ein enorm wichtiges

Essen mit dem Raum assoziiert, in dem es zubereitet wurde: Im Elsass war und ist es Tradition, an großen Festtagen runde Kuchen von der Dimension eines Fahrradreifens zu backen. Man belegt sie mit Obst und bestreut sie dick mit Zucker, der früher zu den besonders kostbaren Zutaten gehörte.
Inzwischen haben sich die Namen geändert: Aus der süßen Quiche ist die Tarte geworden, ein saftiger, flacher Obstkuchen, während Quiche meist die herzhafte Variante bezeichnet. Und um kräftige Blechkuchen zum Sattessen von zartlockeren Vorspeisenkreationen zu unterscheiden, heißen heute auch herzhafte, runde Kuchen Tarte.

Die besten Tipps für die Zubereitung

Mürbeteig und Nudelteig

Zuerst mischt man die Teigzutaten am besten in einer Schüssel mit den Knethaken des Handrührers, bis sich alles verbunden hat. Dann wird auf der Arbeitsfläche mit den Händen geknetet, denn nur so erkennen Sie, ob der Teig auch die richtige

Bis heute rätseln die Sprachwissenschaftler, woher das Wort »Wähe« (gesprochen »Wäje«) kommt. Man vermutet Zusammenhänge mit »wehen«, was eventuell den hauchdünnen Teig meint, der vom Wind davongeweht wird.

Böden für Quiches und Tartes

1 *Schnell: Tiefkühlblätterteig, Yufkablätter, Brötchen- oder Croissantteig aus der Dose.*

2 *Edel: Mürbeteig, mit oder ohne Eier geknetet, als dünner Boden unter saftigem Belag.*

3 *Unkompliziert: Rührteig wie für Obstkuchen, den Sie mit oder ohne Eier zubereiten können.*

4 *Fürs Blech: Salzigen Hefe- oder Quark-Öl-Teig kann man leicht in größeren Mengen kneten.*

5 *Besonders leicht: Nudelteig, zu hauchdünnen Platten gerollt, für Springform oder Backblech.*

6 *Ungewöhnlich: Nudelnester, Knäckebrot- oder Kräckerbrösel als Grundlage für einen dicken Belag.*

Wenn Sie Ihre Quiche einmal besonders hübsch dekorieren wollen, schneiden Sie aus übrig gebliebenen Teigresten zur Füllung oder zum Anlass passende Formen aus und backen sie auf dem Rand der Quiche oder auf einem separaten Blech (siehe auch Fotos, Seite 49 und 83).

Konsistenz hat: Zu trockener Teig ist bröckelig, und man gibt tropfenweise Wasser dazu. Klebriger Teig enthält dagegen zu viel Flüssigkeit. In diesem Fall die Arbeitsfläche dünn mit Mehl bestreuen, den Teigkloß darin wenden und weiter kräftig kneten. Für Nudelteig können Sie statt Wasser auch verquirltes Ei nehmen; beim Backen wird er unter dem Belag al dente wie eine gute Lasagne.

So gelingt der Rührteig

Eier geben ihm Bindung und machen ihn locker. Statt Weizenmehl und Eiern können Sie aber auch vollfettes, cholesterinfreies Sojamehl nehmen, das Sie in Wasser anrühren – Rezepte dazu finden Sie auf den Seiten 75 und 88. Der fertig gerührte Teig sollte cremig sein: Wenn Sie die Quirle des Handrührers herausziehen, reißt der Teig in langen Zapfen ab. Rutscht er gleich durch, ist er zu flüssig und braucht noch etwas Mehl. Bleibt er an den Quirlen hängen, geben Sie noch teelöffelweise Wasser oder Milch zu.

Tipp der Köchin

Für Geschmack und Gelingen einer Quiche spielt es keine Rolle, ob Sie Butter oder gute Margarine verwenden: Bei einer Backzeit von mehr als 20 Minuten verflüchtigt sich das typische Butteraroma ohnehin, und mit Pflanzenmargarine wird der Teigboden genauso knusprig wie mit Butter.

Hefeteig und Quark-Öl-Teig

Für weichen Belag mit viel Gemüse können Sie festen Hefeteig mit wenig Flüssigkeit nehmen, der nur vor dem Kneten weich ist und am Finger kleben bleibt. Nachdem er kräftig geknetet wurde, lässt er sich mit dem leicht bemehlten Nudelholz auf dem Blech gut ausrollen oder in der Springform mit dem Handballen zu einer Platte auseinanderdrücken.
Für eher festen Belag, z. B. mit Hackfleisch und Eiern oder Käse, eignet sich ein Teig mit mehr Flüssigkeit, den man in einer Fettpfanne oder Form mit einem Löffel oder Teigschaber verstreicht.
Quark-Öl-Teig gelingt mit Quark oder Schichtkäse, den Sie ein paar Stunden auf einem feinen Sieb abtropfen lassen. Denn mit trockenem Quark brauchen Sie weniger Mehl zum Kneten, und der Kuchenboden wird schön locker.

Die richtige Bindung im Belag

Mit Eiern, dicker Sahne und würzigem Käse schmeckt fast jede Quiche am besten. Sie enthält dann aber auch eine ganze Menge Fett und Cholesterin. »Schlankere« Alternativen sind

- Milch und geraspelter oder geriebener Käse
- Milch und Ei
- 2/3 Milch, 1/3 Sahne und 1 Ei oder Reibkäse
- etwas geriebener Käse, Tomaten- und Mozzarellawürfel
- Tomatensauce und Reibkäse

- geraspelte mehlige Kartoffeln, Milch und Reibkäse

Quiches mit Hackfleisch brauchen ohnehin weniger Eier und nur Käse zum Bestreuen, weil das Eiweiß im Fleisch bereits für eine ausreichende Bindung sorgt.

Fett für die Form

Bei Mürbeteig ist es nicht notwendig, die Backform zu fetten. Dennoch lassen sich auch bei diesem Teig die Stücke nach dem Backen besser von einer gefetteten Form lösen. Für jeden anderen Teig als Grundlage der Quiche müssen Sie Springform, Backblech, Fettpfanne oder Obstkuchenförmchen gut fetten. Mehl oder Semmelbrösel auf der Fettschicht zeigen nur an, wo noch eine »blanke« Stelle ist, helfen aber nicht beim Ablösen der fertigen Quiche.

Backofen vorheizen

Gas- und Umluftbacköfen müssen Sie grundsätzlich nicht vorheizen. Moderne Backöfen mit Ober- und Unterhitze werden ebenfalls so schnell heiß, dass Vorheizen entfallen kann. Zeit sparen Sie durch Vorheizen aber bei besonders schnellen Quiches, die weniger als 20 Minuten Backzeit brauchen, und zwar in jedem Backofen.

Der beste Käse

Hartkäse wie Parmesan, alter Gouda und traditionell gereifter Farmhouse Cheddar geben wunderbare Würze. Deshalb mischt man sie zusammen mit Milch oder Eiern in den Belag. Zum Bestreuen der Quiche eignen sie sich nicht, denn beim Überbacken werden sie trocken. Fetter Käse wie Raclette, Emmentaler, Greyerzer und mittelalter Gouda schmecken im Belag und als Kruste, weil sie sich mit den anderen Zutaten verbinden und cremig zerlaufen. Mozzarella, fertig geriebener Gratin- und Pizzakäse und Scheibletten sind im Geschmack eher neutral. Sie bräunen rasch, bleiben aber weich und passen deshalb besonders gut als Kruste auf die Quiche.

Die Mengen

Wenn es nicht anders angegeben ist, sind die Mengen in den Rezepten für eine Springform von 26 Zentimeter Durchmesser vorgesehen. Eine Quiche von der Größe reicht als Hauptgericht für vier, ein Blechkuchen vom Backblech oder der Fettpfanne des Backofens für fünf bis sechs Personen. Für Vorspeise oder Fingerfood können Sie die Kuchen in acht bzw. 16 Portionen teilen.

Alle Kuchen schmecken heiß aus dem Ofen, lauwarm und sogar kalt. Allerdings sollten sie dann Zimmertemperatur haben und nicht direkt aus dem Kühlschrank kommen.

Die Klassiker

Was passt besser zum jungen Wein als ein herzhafter Zwiebelkuchen? Auch eine saftige Hackfleischtorte oder eine Porree- oder Pilzquiche haben Sie sicher schon einmal gegessen – und sich wieder nicht das Rezept geben lassen. Oder wie wär's mit der bewährten Mischung Käse und Birnen als Belag? Die beliebtesten klassischen Quiches und herzhaften Torten finden Sie hier in leicht nachzukochenden Rezepten.

Süß-sauer

Drei-Käse-Kuchen mit Birnen

Für den Kuchen brauchen Sie einen Edelpilzkäse, der sich gut in Scheiben schneiden lässt und cremig zerläuft. Geeignet sind Bayerischer Blaukäse oder Dänischer Danablu mit etwa 60 Prozent Fett. Wenn Sie Käse mit Schimmelrinde wie Cambozola oder Bresse bleu nehmen, schneiden Sie die Rinde vor dem Backen dünn ab: Sie schmilzt nämlich nicht und kann bitter schmecken.

Für 10 Stücke

Teig:
300 g Mehl, 3 Eier
2-3 EL Öl, Salz
Mehl zum Ausrollen
Fett für das Blech

Belag:
400 g Ricotta, 250 g Sahne
2 Bund Grüne-Sauce-Kräuter (Petersilie, Schnittlauch, Kerbel, Brunnenkresse, Borretsch, Sauerampfer, evtl. Dill)
200 g Rahmtilsiter
75 g Cashewkerne
Salz, frisch gemahlener Pfeffer
500 g kleine, feste Birnen
2 EL Zitronensaft, 2 EL Paniermehl
400 g Edelpilzkäse in Scheiben

120 Minuten Zubereitungszeit
60 Minuten Arbeitszeit

1 Mehl, Eier, 3 Esslöffel Wasser, Öl und Salz mit den Knethaken des Handrührgeräts verkneten. Auf der leicht bemehlten Arbeitsfläche 10 Minuten mit den Händen kneten. Eventuell tropfenweise kaltes Wasser zugeben. Den Teig in Folie einwickeln und 60 Minuten ruhen lassen.

2 Ricotta mit der Gabel zerdrücken und waschen, nach und nach die Sahne untermischen. Die Kräuter hacken und unterrühren. Den Tilsiter in Würfel schneiden, die Cashewkerne hacken. Beides unter die Käsecreme ziehen. Salzen und pfeffern.

3 Den Teig auf Mehl zu dünnen Platten ausrollen. Die Fettpfanne des Backofens fetten und mit den Teigplatten auslegen; rundherum einen fingerhohen Rand formen.

4 Die Käsecreme auf den Teig streichen. Die Birnen schälen, vom Kerngehäuse befreien und in Schnitze teilen. Schuppenförmig auf die Käsecreme legen, mit Zitronensaft beträufeln, mit Paniermehl bestreuen und mit Edelpilzkäse abdecken.

5 Den Kuchen in den kalten Backofen (mittlere Schiene) schieben und bei 180 °C (Umluft 160 °C, Gas Stufe 2–3) etwa 45 Minuten backen.

Zum jungen Wein

Zwiebelkuchen

Für 12 Stücke

Teig:
300 g Mehl, 1/2 EL Salz
1/2 Päckchen Trockenhefe, 2 EL Öl
Fett für das Blech

Belag:
500 g durchwachsener Speck
2 EL Öl, 2 kg Zwiebeln
500 g saure Sahne, 1 Ei
1-2 EL Kümmelkörner, Salz
1/2 TL scharfes Paprikapulver

120 Minuten Zubereitungszeit
80 Minuten Arbeitszeit

1 Mehl, Salz und Hefe in einer Schüssel vermischen. 200 Milliliter lauwarmes Wasser und Öl zugießen. Alles mit den Knethaken des Handrührgeräts etwa 5 Minuten durchrühren, bis der Teig Blasen bildet.

2 Den Teig zugedeckt bei Zimmertemperatur etwa 60 Minuten ruhen lassen, bis sich das Teigvolumen verdoppelt hat.

3 Inzwischen den Speck von Schwarte und Knorpeln befreien, in dünne Scheiben und dann in feine Streifen schneiden. Im heißen Öl bei schwacher Hitze glasig braten und mit einem Schaumlöffel herausnehmen. Die Zwiebeln schälen und auf dem Gurkenhobel in Ringe hobeln. Portionsweise im Speckfett bei schwacher Hitze weich braten.

4 Speck und Zwiebeln abkühlen lassen. Wenn sie nur noch lauwarm sind, mit saurer Sahne, aufgeschlagenem Ei, Kümmel, Salz und Paprikapulver verrühren.

5 Teig auf ein gefettetes Backblech streichen, den Belag darauf verteilen. Den Kuchen in den kalten Backofen (mittlere Schiene) schieben und bei 180 °C (Umluft 160 °C, Gas Stufe 2–3) etwa 40 Minuten backen.

Ein Blech voller Zwiebelkuchen macht eine fröhliche Tafelrunde satt, wenn man im Herbst den neuen Wein verkostet.

Nach Bologneser Art

Hackfleischtorte

Gemischtes Hackfleisch aus Schwein und Rind schmeckt als Belag besser als reines Rinderhack. Denn Fett im Fleisch kommt Saftigkeit und Aroma zugute.

Für 8 Stücke

Teig:
250 g Mehl, Salz
2 EL Milch, 2 EL Olivenöl
1 Ei, Fett für die Form

Belag:
1 Bund Lauchzwiebeln
2 mittelgroße Tomaten
3 Zweige Thymian
500 g gemischtes Hackfleisch
2 EL Öl
200 g Crème fraîche
Salz, frisch gemahlener Pfeffer
1/2 TL Harissa (siehe Seite 38)
50 g mittelalter Gouda

120 Minuten Zubereitungszeit
45 Minuten Arbeitszeit

1 Teigzutaten mit 2 Esslöffeln Wasser erst mit den Knethaken des Handrührgeräts, dann mit den Händen rasch zu einem glatten Teig zusammenkneten. Wenn der Teig zu trocken ist, teelöffelweise kaltes Wasser unterkneten.

2 Eine gefettete Springform mit dem Teig auskleiden, dabei einen etwa 4 Zentimeter hohen Rand formen. Den Teigboden 60 Minuten kühlen.

3 Lauchzwiebeln putzen, waschen und in Ringe schneiden. Tomaten überbrühen, abziehen und in Würfel schneiden. Die Thymianblättchen waschen und abzupfen.

4 Hackfleisch im heißen Öl unter Rühren krümelig braten. Die Lauchzwiebeln und den Thymian zugeben und kurz mitbraten. Tomaten und Crème fraîche unterrühren und einmal kräftig aufkochen. Mit Salz, Pfeffer und Harissa abschmecken.

5 Den Käse fein reiben. Den Belag auf dem Teigboden glatt streichen und mit dem Käse bestreuen. Die Quiche in den kalten Backofen (mittlere Schiene) stellen und bei 200 °C (Umluft 180 °C, Gas Stufe 3–4) etwa 40 Minuten backen, bis der Belag schön gebräunt und fest, aber noch saftig ist.

Deftiges

Bohnentarte mit Speck

Für 8 Stücke

Teig:
250 g Mehl, 1 TL Salz
150 g Butter
Fett für die Form

Belag:
200 g durchwachsener Speck
1 Zwiebel
1 Paket Dicke Bohnen (300 g, TK)
1 Päckchen Italienische Kräuter (TK)
150 g Crème fraîche
1 TL Currypulver
Salz, frisch gemahlener Pfeffer
2 EL Kürbiskerne
100 g Gratinkäse

90 Minuten Zubereitungszeit
30 Minuten Arbeitszeit

1 Teigzutaten und 4 Esslöffel Wasser erst mit den Knethaken des Handrührgeräts, dann mit den Händen rasch zu einem glatten Teig zusammenkneten. Wenn der Teig zu trocken ist, teelöffelweise kaltes Wasser unterkneten.

2 Eine gefettete Springform mit dem Teig auskleiden, dabei einen 4 Zentimeter hohen Rand formen. Den Teigboden mit einer Gabel einstechen und 60 Minuten kühlen.

3 Zwei Drittel des Specks fein würfeln, den Rest in Streifen schneiden. Speckwürfel in einer Pfanne bei kleiner Hitze langsam ausbraten. Die Zwiebel abziehen, hacken und im Speckfett glasig braten. Die Bohnen gefroren zugeben und zugedeckt 10 Minuten dünsten.

4 Den Teigboden in den kalten Backofen (mittlere Schiene) stellen und bei 220 °C (Umluft 200 °C, Gas Stufe 4–5) 20 Minuten vorbacken.

5 Bohnen mit Kräutern, Crème fraîche, Curry, Salz und Pfeffer mischen und auf dem Teigboden verteilen. Mit Speckstreifen belegen, mit Kürbiskernen und Käse bestreuen. Die Quiche bei 200 °C (Umluft 180 °C, Gas Stufe 3–4) weitere 20 bis 30 Minuten backen.

Mit Tiefkühlbohnen schnell fertig: deftiger Bohnenkuchen mit Speck und Käse.

Geriebenen Gratinkäse bekommen Sie – ebenso wie Pizzakäse – abgepackt in Supermärkten. Wer seinen Käse lieber selbst reibt, verwendet stattdessen Emmentaler, mittelalten Gouda, Bergkäse oder Mozzarella.

Zum Sattessen

Löwenzahntorte

Löwenzahn gibt es nicht nur auf der Wiese, sondern auch beim Gemüsehändler: Die Blätter des Kulturlöwenzahns sind größer und schmecken milder als die der wild gewachsenen Pflanzen. Besonders zart sind die hellgelben Sorten mit saftigen Rippen und wenig »Blatt«, die ähnlich wie Chicorée unter Lichtentzug kultiviert werden.

Für 8 Stücke

Teig:

250 g Mehl
1/2 Päckchen Trockenhefe
1/2 TL Zucker
1 TL Salz
50 g Butter
etwa 1/8 l Milch

Belag:

500 g Löwenzahn
1 EL Butter
1 EL Zitronensaft
4 Weizenbrötchen
2 Zwiebeln
500 g gemischtes Hackfleisch
1 Knoblauchzehe
2 Eier
1 EL Mehl
Salz
1 TL Paprikaflocken (siehe Seite 20)
Fett für die Form
3 Tomaten
1 EL geriebener Emmentaler

130 Minuten Zubereitungszeit
40 Minuten Arbeitszeit

1 Alle Teigzutaten in eine Schüssel geben und mit den Knethaken des Handrührgeräts etwa 5 Minuten durchrühren, bis der Teig Blasen bildet. Den Teig zugedeckt bei Zimmertemperatur etwa 60 Minuten ruhen lassen, bis sich das Teigvolumen verdoppelt hat.

2 Den Löwenzahn verlesen, waschen und grob hacken. Tropfnass in einen Topf geben, die Butter und den Zitronensaft zugeben und den Löwenzahn 3 Minuten dünsten.

3 Brötchen in Wasser einweichen und gut ausdrücken. Zwiebeln abziehen und fein zerkleinern. Hackfleisch mit Brötchen, Löwenzahn einschließlich Dünstflüssigkeit, Zwiebeln, zerdrücktem Knoblauch, Eiern, Mehl, Salz und Paprikaflocken verkneten.

4 Boden und Rand einer gefetteten Springform mit dem Teig auslegen. Die Löwenzahnmischung darauf verteilen. Die Tomaten mit kochendem Wasser überbrühen, abziehen, in Scheiben schneiden und die Löwenzahnmischung damit abdecken.

5 Die Torte in den kalten Backofen (mittlere Schiene) stellen und bei 220 °C (Umluft 200 °C, Gas Stufe 4–5) 45 Minuten backen. Mit dem Käse bestreuen und weitere 15 Minuten backen.

Mit Löwenzahn als ungewöhnliche und gesunde Würze schmeckt die Hackfleischtorte nochmal so gut.

Tipp der Köchin

Kräftig gelbe Dotter sind kein Beleg für Eier von artgerecht gehaltenen Hühnern. Bei der Intensivhaltung in Käfigen oder großen Hallen – oft ohne Tageslicht – werden den Tieren auch unschädliche gelbe Farbpigmente verabreicht. Dagegen schwankt die Dotterfarbe je nach Art der Nahrung, wenn sich frei laufende Hühner einen Teil ihres Futters selbst suchen können.

Für Gemüsefans

Porreekuchen

Der Nudelteigboden enthält viel weniger Fett als der übliche Mürbeteigboden für herzhafte Kuchen. Wer auf Cholesterin achten muss, lässt die Eier ganz weg und knetet den Teig nur mit kaltem Wasser und Olivenöl.

Für 10 Stücke

Teig:
- 300 g Mehl, 1 TL Salz
- 3 Eier, 2 Eigelb, 2 EL Olivenöl

Belag:
- 500 g Porree
- 200 g Flaschentomaten
- 100 g Pinienkerne
- 2 EL Öl, 2 Eier
- 1/4 l Milch, 250 g Sahne
- Salz, Cayennepfeffer
- 1/4 TL gemahlener Koriander
- Mehl für die Arbeitsfläche
- Fett für das Blech
- 200 g Gratinkäse

120 Minuten Zubereitungszeit
75 Minuten Arbeitszeit

1 Die Teigzutaten erst mit den Knethaken des Handrührgeräts, dann mit den Händen zu einem geschmeidigen Nudelteig kneten. Bei Bedarf tropfenweise kaltes Wasser unterkneten. Den Teig in Folie gewickelt 60 Minuten bei Zimmertemperatur ruhen lassen.

2 Die Porreestangen putzen, waschen und in dünne Ringe schneiden. Die Tomaten überbrühen, abziehen und der Länge nach in Scheiben schneiden.

3 Porree und Pinienkerne im heißen Öl bei mittlerer bis schwacher Hitze goldbraun anbraten und dann abkühlen lassen.

4 Die Eier schaumig rühren, mit Milch, Sahne, Salz, Cayennepfeffer und Koriander verquirlen. Porree und Pinienkerne untermischen.

5 Den Teig auf Mehl zu dünnen Platten ausrollen. Die Fettpfanne des Backofens fetten und mit den Teigplatten auslegen; dabei rundherum einen fingerhohen Rand formen. Porreemasse auf dem Teig verteilen, mit den Tomaten belegen und mit dem Käse bestreuen.

6 Den Kuchen in den kalten Backofen (mittlere Schiene) schieben und bei 200 °C (Umluft 180 °C, Gas Stufe 3–4) etwa 45 Minuten backen.

Tipp der Köchin

Die Nudelplatten kann man mit einer Nudelmaschine mit Handkurbel am besten ausrollen. Als Teigboden werden die Platten so in die Fettpfanne gelegt, dass sie sich an den Rändern knapp fingerbreit überlappen.

Klassische Mischung

Pilzquiche mit Schinken und Käse

Für 8 Stücke

Teig:
- 250 g Mehl
- 100 g Butter, Salz
- Fett für die Form

Belag:
- 1 kg Champignons
- 3 Zwiebeln
- 150 g gekochter Schinken
- 3 EL Öl, 125 g Sahne
- 1 Bund Petersilie
- Salz, frisch gemahlener Pfeffer
- 2 EL Gratinkäse

120 Minuten Zubereitungszeit
60 Minuten Arbeitszeit

Blanca, Ewald

Auf- und Untergang

13:13
21:48

07:25
18:56

Tag der Deutschen Einheit 40. Woche

Donnerstag

3

Oktober

Mo	Di	Mi	Do	Fr	Sa	So
	1	2	3	4	5	6
7	8	9	10	11	12	13
14	15	16	17	18	19	20
21	22	23	24	25	26	27
28	29	30	31			

1 Die Teigzutaten und 5 Esslöffel kaltes Wasser mit den Knethaken des Handrührgeräts zu einem glatten Teig kneten. Bei Bedarf tropfenweise Wasser zugeben. Eine gefettete Springform mit dem Teig auslegen, dabei einen 3 Zentimeter hohen Rand formen. Den Teigboden mehrmals mit einer Gabel einstechen und 60 Minuten kühlen.

2 Champignons putzen, waschen und in Scheiben schneiden. Zwiebeln abziehen und würfeln. Den Schinken in Streifen schneiden.

3 Pilze und Zwiebeln im Öl bei starker Hitze kräftig anbraten. Von der Kochstelle nehmen, Schinkenstreifen und Sahne zugeben, die Mischung wieder erhitzen und unter Rühren einkochen lassen, bis die Flüssigkeit verdampft ist. Die Petersilie waschen, die Blättchen fein hacken und unterrühren. Mit Salz und Pfeffer abschmecken.

4 Den Teigboden in den kalten Backofen (mittlere Schiene) stellen und bei 225 °C (Umluft 200 °C, Gas Stufe 4–5) 20 Minuten vorbacken. Die Pilzmischung auf dem Teig verteilen, mit dem Käse bestreuen und die Quiche bei 200 °C (Umluft 180 °C, Gas Stufe 3–4) weitere 20 bis 30 Minuten backen.

Ob als Nudelsauce oder als Quichebelag: Wenn sich Pilze mit Schinken, Sahne und Kräutern zusammentun, stimmt die Mischung.

Deftiges aus dem Elsass

Sauerkrautkuchen

Für 10 Stücke
Teig:
300 g Mehl, 1 TL Salz
1/2 Päckchen Trockenhefe
1 EL getrockneter Oregano
200 ml Milch, 1 Ei
Fett für das Blech
Belag:
200 g roher Schinken
2 Zwiebeln, 1 Bund Majoran
2 große Möhren, 500 g Sauerkraut
3 EL Öl, 1 EL gekörnte Brühe
250 g Schmand, 1 Ei
Salz, frisch gemahlener Pfeffer
2 EL Paprikaflocken

Schinken oder Speck schon beim Metzger in dünne Scheiben schneiden lassen! So geht das Würfeln oder Streifenschneiden viel schneller als bei Speck am Stück.

160 Minuten Zubereitungszeit
45 Minuten Arbeitszeit

1 Mehl, Salz, Hefe und Oregano in einer Schüssel mischen. Die lauwarme Milch und das Ei zugeben und alles mit den Knethaken des Handrührgeräts etwa 5 Minuten durchrühren, bis der Teig Blasen bildet. Zugedeckt bei Zimmertemperatur 60 Minuten ruhen lassen, bis sich das Teigvolumen verdoppelt hat.

2 Den Schinken in feine Streifen schneiden, die abgezogenen Zwiebeln und den Majoran fein zerkleinern, die Möhren schälen und in dünne Scheiben schneiden. Das Sauerkraut grob zerschneiden.

3 Schinken und Zwiebeln im heißen Öl glasig braten. Den Majoran, die Möhren und das Sauerkraut zugeben und unter Rühren etwa 3 Minuten schmoren. 1/4 Liter Wasser zugießen, die gekörnte Brühe zugeben und weitere 5 Minuten schmoren. Schmand und Ei untermischen, mit Salz, Pfeffer und Paprikaflocken kräftig würzen.

4 Den Hefeteig auf ein gut gefettetes Backblech streichen. Die Sauerkrautmasse darauf verteilen. Den Kuchen in den kalten Backofen (mittlere Schiene) schieben und bei 200 °C (Umluft 180 °C, Gas Stufe 3–4) 40 Minuten backen.

Tipp der Köchin

Paprikaflocken bestehen aus getrocknetem und grob gemahlenem Gewürzpaprika. Sie bekommen sie vorwiegend in türkischen Lebensmittelgeschäften. Paprikaflocken lassen sich in den Rezepten notfalls durch handelsübliches Paprikapulver ersetzen.

Kräftiges Wintergericht

Rotkohltorte mit Nüssen

Für 8 Stücke
Teig:
250 g Mehl, Salz
150 g Butter, 1 Eigelb
Fett für die Form
Belag:
1 Kopf Rotkohl (ca. 1 kg)
2 Zwiebeln, 2 EL Öl
1 TL gekörnte Brühe
400 g saure Sahne
3 Eier
75 g Emmentaler Käse
2 EL Speisestärke
Salz, frisch gemahlener Pfeffer
1/4 TL gemahlener Koriander
40 g Walnusskerne

120 Minuten Zubereitungszeit
45 Minuten Arbeitszeit

1 Die Teigzutaten und 4 Esslöffel kaltes Wasser erst mit den Knethaken des Handrührgeräts, dann mit den Händen rasch zu einem glatten Teig zusammenkneten. Wenn er zu trocken ist, teelöffelweise kaltes Wasser unterkneten.

2 Eine gefettete Springform mit dem Teig auslegen und dabei einen etwa 3 Zentimeter hohen Rand formen. Den Teigboden mehrmals mit einer Gabel einstechen und 60 Minuten kühlen.

3 Inzwischen den Rotkohl putzen, waschen und in feine Streifen hobeln. Die Zwiebeln abziehen und fein zerkleinern. Das Öl erhitzen, Kohl und Zwiebeln darin anbraten. 1/8 Liter Wasser und die Brühe zufügen und das Gemüse 5 Minuten dünsten.

4 Sahne, aufgeschlagene Eier, geriebenen Käse und Speisestärke verrühren. Mit Salz, Pfeffer und Koriander abschmecken.

5 Den Kohl auf dem Teig verteilen und mit der Eiersahne übergießen. Mit den Walnusskernen belegen. Die Torte in den kalten Backofen (mittlere Schiene) stellen und bei 200 °C (Umluft 180 °C, Gas Stufe 3–4) etwa 50 Minuten backen.

Als kräftiger Imbiss zum Bier absolut partytauglich: Sauerkrautkuchen aus der deutsch-französischen Grenzregion.

Als Variante die Rotkohltorte mit Pistazien statt mit Walnusskernen bestreuen: Pistazien enthalten viel Kalium, Phosphor und Magnesium und können hohen Blutdruck senken.

Vollwertig

Herzhafte Kartoffeltorte

Mit fein gemahlenem Dinkel kann man genauso gut backen wie mit Weizenvollkornmehl: Der Weizenverwandte enthält ebenfalls reichlich Klebereiweiß, das für lockeren Teig sorgt.

Für 8 Stücke

Füllung:

500 g Pellkartoffeln vom Vortag
50 g Hartkäse, 1-2 EL Mehl
1 Zwiebel, 1/2 Bund Majoran
1 Knoblauchzehe
1 EL Butterschmalz
150 g körniger Frischkäse
200 g Dickmilch, 3 Eier
Salz, frisch gemahlener Pfeffer
1/2 TL gemahlener Kümmel

Teig:

100 g Butter, Salz
abgeriebene Schale von 1 unbehandelten Zitrone, Cayennepfeffer
1 EL Crème fraîche
150 g Dinkelmehl, 1/4 TL Backpulver
ca. 4 EL Milch, Fett für die Form

110 Minuten Zubereitungszeit
40 Minuten Arbeitszeit

1 Die geschälten Kartoffeln grob, Käse fein reiben. Beide Zutaten mit dem Mehl mischen. Die abgezogene Zwiebel und den Majoran fein hacken, die Knoblauchzehe abziehen und zerdrücken.

2 Zwiebeln, Majoran und Knoblauch im heißen Fett andünsten, bis die Zwiebeln glasig sind. Zu der Kartoffelmischung geben.

3 Frischkäse, Dickmilch, 2 Eier, 1 Teelöffel Salz, Pfeffer und gemahlenen Kümmel verrühren und mit den Kartoffeln mischen.

4 Die weiche Butter mit dem restlichen Ei, Salz, Zitronenschale und einer kräftigen Prise Cayennepfeffer mit den Quirlen des Mixers schaumig rühren. Crème fraîche untermischen. Dinkelmehl und Backpulver zusammen mit der Milch unterrühren.

5 Teig in eine gefettete Springform streichen, Kartoffelmischung darauf verteilen und glatt streichen. Den Kuchen in den kalten Backofen (untere Schiene) stellen und bei 160 °C (Umluft 140 °C, Gas Stufe 1–2) etwa 70 Minuten backen. In der Form 10 Minuten ruhen lassen und warm servieren.

Tipp der Köchin

Je nach Kartoffelsorte brauchen Sie mehr oder weniger Mehl für die Füllung, damit diese nicht zu dünn wird.

Feine Vorspeise

Käsewähe mit Chicorée

Für 6 Stücke

Teig:

200 g Mehl, 75 g Butter
Salz, geriebene Muskatnuss
Fett für die Form

Belag:

250 g Greyerzer
200 g gekochter Schinken
6 Blättchen Salbei
4 kleine Chicoréestauden
Saft und abgeriebene Schale von 1/2 unbehandelten Orange
200 ml Milch, 100 g Sahne, 1 Ei
Salz, Cayennepfeffer

110 Minuten Zubereitungszeit
30 Minuten Arbeitszeit

1 Die Teigzutaten und 5 Esslöffel Wasser zu einem glatten Mürbeteig verkneten. Bei Bedarf noch tropfenweise Wasser unterkneten. Eine gefettete Springform damit auslegen, dabei einen etwa 3 Zentimeter hohen Rand formen. Teig in der Form 60 Minuten kühlen.

2 Den Teigboden in den kalten Backofen (mittlere Schiene) stellen und bei 225 °C (Umluft 200 °C, Gas Stufe 4–5) 20 Minuten vorbacken.

3 Inzwischen den Käse grob raspeln. Den Schinken vom Fettrand befreien und würfeln, den Salbei in Streifen schneiden. Die Chicoréestauden längs halbieren, waschen, vom Strunk befreien und in feine Scheibchen schneiden. Alle diese Zutaten mit dem Orangensaft und der Orangenschale vermischen. Die Milch mit Sahne, Ei, Salz und Cayennepfeffer verquirlen.

4 Die Chicoréemischung auf dem Teigboden verteilen, mit der Eiermilch übergießen und mit dem Käse bestreuen.

5 Die Wähe wieder in den Backofen schieben und bei 200 °C (Umluft 180 °C, Gas Stufe 3–4) etwa 25 Minuten backen, bis der Käse schön gebräunt ist.

Wer Chicorée nur als Salat kennt, wird überrascht sein, wie gut der herzhafte Geschmack zum würzigen Käsebelag passt.

Zucchini sind wie Patissons Sommerkürbisse mit weicher Schale, die man nicht entfernen muss. Meist gibt es grüne Früchte, manchmal gelbe, weiße oder gelb gestreifte zu kaufen. Nehmen Sie Zucchini von 15 bis höchstens 20 Zentimeter Länge – die schmecken am besten.

Bis vor wenigen Jahren wussten die wenigsten, dass man die diskusförmigen Kürbisse mit der warzigen Schale auch essen kann. Inzwischen gibt es Patissons bei vielen Gemüsehändlern.

Beliebt bei Kindern

Nudelquiche mit Zucchini

Für 10 Stücke

Teig:

150 g Mehl, 1 Ei
1 EL Öl, Salz, Mehl zum Ausrollen

Belag:

500 g kleine Zucchini oder Patissons
4 EL Öl, 500 g Tomaten
200 g Linguine oder dünne Spaghetti, Salz
200 g Pizzakäse
frisch gemahlener Pfeffer
1 Päckchen Italienische Kräuter (TK)
100 g Crème fraîche
Fett für die Fettpfanne

150 Minuten Zubereitungszeit
45 Minuten Arbeitszeit

1 Die Teigzutaten und 3 Esslöffel Wasser mit dem Handrührer, dann mit den Händen etwa 10 Minuten kneten. Eventuell noch etwas kaltes Wasser zugeben. Den Teig in Folie gewickelt 60 Minuten bei Zimmertemperatur ruhen lassen.

2 Die Zucchini waschen, würfeln und portionsweise bei schwacher bis mittlerer Hitze im heißen Öl goldbraun braten. Die Tomaten waschen und würfeln. Die Nudeln in Stücke brechen und in reichlich Salzwasser 2 Minuten kochen.

3 Zucchini, Tomaten, Nudeln, 2/3 der Käsemenge, Salz, reichlich Pfeffer, die Kräuter und die Crème fraîche in einer Schüssel mischen.

4 Den Teig dünn ausrollen und in die Fettpfanne des Backofens geben. Die Zucchinimischung darauf verteilen und mit dem restlichen Käse bestreuen.

5 Die Quiche in den kalten Backofen (untere Schiene) schieben und bei 200 °C (Umluft 180 °C, Gas Stufe 3–4) etwa 30 Minuten backen.

Mit Kürbis

Patissonkuchen

Für 8 Stücke

Teig:

200 g Mehl, Salz
75 g Butter, 2 EL Milch
Fett für die Form

Belag:

600 g Patissons oder gelber Kürbis
1 Stück frischer Ingwer (ca. 3 cm lang), 1 EL Zitronensaft
gemahlene Muskatblüte
Salz, frisch gemahlener Pfeffer
200 ml Milch, 3 EL Crème fraîche
40 g junger Provolone

120 Minuten Zubereitungszeit
40 Minuten Arbeitszeit

1 Die Teigzutaten mit 70 Milliliter Wasser zu einem glatten Teig kneten. Den Teig mit einem Löffel in eine gefettete Springform geben. Den Löffelrücken in kaltes Wasser tauchen und den Teig in der Form verteilen, dabei einen gut fingerbreiten Rand hoch drücken und den Löffel immer wieder in kaltes Wasser tauchen, damit der Teig nicht haften bleibt. Den Teigboden in der Form 60 Minuten kühlen.

2 Den Kuchenboden in den kalten Backofen (mittlere Schiene) stellen und bei 220 °C (Umluft 200 °C, Gas Stufe 4–5) etwa 15 Minuten vorbacken.

3 Die Patissons waschen, von den Stielansätzen befreien und in kleine Würfel schneiden (Kürbis entkernen und schälen, dann in Würfel schneiden). Den Ingwer schälen und fein reiben. Patissons mit Ingwer, Zitronensaft, Muskatblüte, Salz und Pfeffer mischen und auf dem Teigboden verteilen. Die Milch mit der Crème fraîche verrühren und darüber gießen.

4 Den Provolone grob reiben, den Patissonkuchen damit bestreuen und bei 200 °C (Umluft 180 °C, Gas Stufe 3–4) weitere 25 bis 30 Minuten backen, bis er leicht gebräunt ist.

Vom Italienurlaub inspiriert: Nudeln verbinden sich auf das Herrlichste mit reifen Tomaten, Zucchini und duftenden Kräutern.

Für die Reistorte brauchen Sie einen harten, würzigen Käse. Mit cremigen Käsesorten kann der Belag zu flüssig werden. Noch mehr Aroma bekommt er mit ein paar getrockneten, eingeweichten Pilzen, die Sie zerkleinern und mit dem Reis garen.

Zum Sattessen

Herzhafte Reistorte

Für 8 Stücke

Teig:
200 g Mehl, Salz, 100 g Butter

Belag:
2 große Zwiebeln
2 grüne Chilischoten
2 EL Olivenöl, 75 g Rundkornreis
1/4 l Hühnerbrühe (Instant)
75 g alter Pecorino
3 Fleischtomaten (ca. 500 g)
1 Bund Petersilie, 3 Blättchen Minze
Salz, frisch gemahlener Pfeffer

120 Minuten Zubereitungszeit
45 Minuten Arbeitszeit

1 Die Teigzutaten und 4 Esslöffel Wasser erst mit den Knethaken des Handrührgeräts, dann mit den Händen rasch zu einem glatten Teig kneten. Bei Bedarf teelöffelweise kaltes Wasser unterkneten.

2 Eine Springform mit dem Teig auskleiden, dabei einen etwa 3 Zentimeter hohen Rand formen. Den Teigboden mit einer Gabel mehrmals einstechen und 60 Minuten kühlen.

3 Die Zwiebeln schälen und fein hacken. Die Chilischoten waschen, putzen und in feine Streifen schneiden. Beides im heißen Öl anbraten, bis die Zwiebeln glasig sind. Den Reis untermischen und kurz anbraten. Brühe zugießen, einmal aufkochen und den Reis zugedeckt bei schwacher Hitze 20 Minuten garen.

4 Den Teigboden in den kalten Backofen (mittlere Schiene) stellen und bei 220 °C (Umluft 200 °C, Gas Stufe 4–5) 10 Minuten vorbacken.

5 Den Käse reiben, die Tomaten überbrühen, abziehen und grob hacken, die Petersilie und die Minze fein zerkleinern. Alles unter den Reis mischen. Mit Salz und Pfeffer abschmecken.

6 Den Belag auf dem Teigboden verteilen und die Torte wieder in den Backofen schieben. Bei 200 °C (Umluft 180 °C, Gas Stufe 3–4) noch 30 bis 40 Minuten backen.

Für Gäste

Zwiebelfladen

Für 4 Stück

Teig:
150 g Magerquark, 6 EL Milch
Salz, 8 EL Öl, 300 g Mehl
1/2 Päckchen Backpulver
Fett für das Blech
200 g Kräuterfrischkäse

Belag:
10 entsteinte Oliven
500 g Zwiebeln
2 Knoblauchzehen
2 EL Olivenöl
150 g Tomatenstücke (Dose)
frisch gemahlener schwarzer Pfeffer
12 Sardellenfilets (Dose)

70 Minuten Zubereitungszeit
40 Minuten Arbeitszeit

1 Den Quark mit Milch, Salz, Öl und der halben Menge des Mehls mit den Knethaken des Handrührgeräts vermischen. Das restliche Mehl mit dem Backpulver vermischen und mit den Händen unter den Teig kneten.

2 Den Teig in 4 Stücke teilen. Die Teigstücke zu 4 gleich großen Fladen ausrollen, auf ein gefettetes Backblech legen und mit dem Kräuterfrischkäse bestreichen.

3 Die Oliven in Stücke schneiden. Die Zwiebeln und die Knoblauchzehen abziehen. Die Zwiebeln in feine Ringe schneiden, den Knoblauch zerdrücken. Das Olivenöl in einer Pfanne erhitzen, Zwiebeln und Knoblauch darin glasig braten. Die Tomaten und die Oliven zugeben und schmoren, bis die Flüssigkeit eingekocht ist.

4 Die Zwiebel-Tomaten-Mischung mit Pfeffer würzen und mit einem Esslöffel auf den Teigfladen verteilen. Auf jeden Fladen 3 Sardellenfilets legen.

5 Das Backblech in den kalten Backofen (mittlere Schiene) stellen und die Fladen bei 225 °C (Umluft 200 °C, Gas Stufe 4–5) etwa 30 Minuten backen. Die Fladen heiß oder lauwarm servieren.

Üppig belegte, kleine Fladen sind gut vorzubereiten und lassen sich auf der Party prima aus der Hand essen.

Wer lieber vegetarisch isst, kann statt der Sardellenfilets milde Mozzarellawürfel oder würzigen Edelpilzkäse verwenden.

Die Inter-nationalen

Wer denkt beim Wort »Quiche« nicht an die berühmte Quiche Lorraine? Mit knusprigem Speck auf hauchdünnem Teig und sahnigem Eier-Käse-Belag... Doch auch die bei uns weniger bekannten Rezepte für eine feine Spinattorte, in Italien als Torta pasqualina bekannt, oder für die unübertroffene Artischockentorte lassen einem schon beim Lesen das Wasser im Mund zusammenlaufen. Auch das seit langer Zeit überlieferte Rezept für die Marseiller Pissaladière mit Zwiebeln und Fisch darf hier natürlich nicht fehlen. Doch nicht nur Frankreich und Italien, auch Schweiz und Türkei steuern Rezepte zu diesem Kapitel bei.

Die Petersilie im Eierguss gehört zwar nicht ins Original, schmeckt aber sehr fein und wirkt höchst dekorativ.

Tipp der Köchin

Die typische Backform für die Quiche Lorraine hat einen gewellten Rand. Als Vorspeise bereitet man dieses klassische Rezept aus Frankreich auch in kleinen Gratinförmchen zu.

Klassiker

Quiche Lorraine

Für 8 Stücke
Teig:
250 g Mehl, Salz
1 Ei, 125 g weiche Butter
Fett für die Form
Belag:
250 g Räucherspeck in Scheiben
100 g Greyerzer in dünnen Scheiben
4 Eier, 250 g Sahne
Salz, Pfeffer, Cayennepfeffer
geriebene Muskatnuss
1 Bund Petersilie, 1 EL Butter

120 Minuten Zubereitungszeit
45 Minuten Arbeitszeit

1 Die Teigzutaten und 1 Esslöffel Wasser erst mit den Knethaken des Handrührgeräts, dann mit den Händen rasch zu einem glatten Teig zusammenkneten. Wenn der Teig zu trocken ist, tropfenweise noch Wasser unterkneten. Eine gefettete Springform mit dem Teig auskleiden, dabei einen etwa 4 Zentimeter hohen Rand formen. Den Teigboden 60 Minuten kühlen.

2 Inzwischen die Speckscheiben quer halbieren und bei schwacher bis mittlerer Hitze glasig braten. Dabei mehrmals wenden. Auf Küchenpapier abfetten lassen. Die Käsescheiben in etwa 3 Zentimeter breite Streifen schneiden.

3 Die Eier mit der Sahne, wenig Salz und jeweils einer kräftigen Prise von schwarzem Pfeffer, Cayennepfeffer und Muskatnuss verrühren. Die Petersilie fein hacken und untermischen.

4 Die Speck- und die Käsescheiben abwechselnd schuppenförmig auf dem Teigboden verteilen. Die Sahnemischung darüber gießen. Die Butter in kleine Stücke teilen und die Quiche damit belegen.

5 Quiche in den kalten Backofen (mittlere Schiene) stellen und bei 200 °C (Umluft 180 °C, Gas Stufe 3–4) etwa 30 Minuten backen, bis der Belag schön gebräunt und fest, aber noch saftig ist.

Vitaminreich

Gemüsepizza

Für 2 Stücke
500 g Tomaten
2 EL Olivenöl
2 EL Tomatensaft
2 EL Tomatenmark
1 TL getrockneter Oregano
Salz, frisch gemahlener Pfeffer
1 Prise Zucker
300 g Brokkoliröschen
2 kleine Zucchini
2 Lauchzwiebeln
250 g Mozzarella
75 g Parmesan
2 Pizzaböden (Fertigböden)

60 Minuten Zubereitungszeit
30 Minuten Arbeitszeit

1 Die Tomaten mit kochendem Wasser überbrühen, abziehen und in Stücke schneiden. Im heißen Olivenöl schmoren, bis sie Flüssigkeit abgeben. Tomatensaft, Tomatenmark und Oregano untermischen und die Tomaten bei schwacher Hitze zu einem dicken Mus einkochen. Von der Kochstelle nehmen, mit Salz, Pfeffer und Zucker würzen und abkühlen lassen.

2 Inzwischen die Brokkoliröschen waschen und grob hacken. Die Zucchini putzen, waschen und würfeln, die Lauchzwiebeln putzen, waschen und mit allen saftigen Blättern in feine Ringe schneiden. Den Mozzarella in einem Sieb abtropfen lassen und würfeln, den Parmesan fein reiben.

3 Die Pizzaböden auf ein Backblech legen und dick mit dem Tomatenmus bestreichen. Zunächst mit dem Gemüse und dann mit den Mozzarellawürfeln belegen, mit Salz und Pfeffer würzen und mit dem Parmesan bestreuen.

4 Pizza in den kalten Backofen (mittlere Schiene) schieben und bei 200 °C (Umluft 180 °C, Gas Stufe 3–4) etwa 30 Minuten backen, bis der Käse zerlaufen und leicht gebräunt ist.

Mit fertigen Pizzaböden schnell gemacht: vitaminreiche Gemüsepizza, die auch bei Kindern gut ankommt.

Pizzaböden mit weißem Mehl gibt es im Supermarkt, mit Vollkornmehl im Naturkostladen.

Auberginen aus Thailand sind rund, etwa so groß wie Pingpongbälle, grün und sehr aromatisch. Wer sie nicht bekommt, nimmt möglichst kleine, violette Früchte vom Gemüsehändler.

Feurig scharf

Auberginenkuchen

Für 8 Stücke

Belag:

500 g kleine, thailändische Auberginen
3 EL Erdnussöl, 2 rote Chilischoten
2 Schalotten, 2 Knoblauchzehen

Teig:

75 g Butter, Salz
abgeriebene Schale von 1 unbehandelten Zitrone
geriebene Muskatnuss
Cayennepfeffer
1 Ei, 50 g Crème fraîche
150 g Mehl, 1/4 TL Backpulver
ca. 4 EL Milch
Fett für die Form
50 g Greyerzer
50 g Erdnusskerne

75 Minuten Zubereitungszeit
30 Minuten Arbeitszeit

1 Die Auberginen waschen, von den Stielen befreien, in Scheiben schneiden und im heißen Öl auf beiden Seiten anbraten.

2 Die Chilischoten waschen, putzen und in Streifen schneiden. Die Schalotten und die Knoblauchzehen abziehen und fein zerkleinern. Alles im Restöl in der Pfanne braten, bis die Schalotten glasig sind.

3 Die weiche Butter, Salz, Zitronenschale und je eine kräftige Prise Muskat und Cayennepfeffer schaumig rühren. Das Ei und die Crème fraîche darunter mischen. Mehl und Backpulver sieben und unterrühren. Zum Schluss die Milch untermischen.

4 Eine Springform fetten. Den Teig darin glatt streichen. Auberginen und Schalottenmischung darauf verteilen. Käse reiben, Nüsse hacken und beides auf das Gemüse streuen.

5 Den Kuchen in den kalten Backofen (untere Schiene) stellen und bei 180 °C (Umluft 160 °C, Gas Stufe 2–3) etwa 30 Minuten backen.

Die Pizza aus Südfrankreich

Pissaladière

Für 8 Stücke

Teig:

250 g Mehl, Salz
1/2 Päckchen Trockenhefe
1/2 TL Zucker
Mehl zum Formen

Belag:

1 kg Zwiebeln, 2 Knoblauchzehen
8 EL Olivenöl
Saft und abgeriebene Schale von 1/2 Zitrone
Salz, frisch gemahlener Pfeffer
1 TL getrocknete Kräuter der Provence
Fett für die Form
12 Sardellenfilets (Dose)
200 g schwarze Oliven

90 Minuten Zubereitungszeit
30 Minuten Arbeitszeit

1 Mehl, Salz, Hefe und Zucker in einer Schüssel vermischen. Etwa 1/8 Liter lauwarmes Wasser dazu gießen. Alles mit den Knethaken des Handrührgeräts etwa 5 Minuten durchrühren, bis der Teig Blasen bildet. Die Arbeitsfläche dünn mit Mehl bestreuen und den Teig darauf mit den Händen etwa 5 Minuten kräftig durchkneten.

2 Den Teig zugedeckt 60 Minuten ruhen lassen, bis sich sein Volumen verdoppelt hat.

3 Inzwischen Zwiebeln und Knoblauch abziehen. Zwiebeln in Ringe schneiden, Knoblauch hacken und im heißen Olivenöl bei schwacher Hitze etwa 60 Minuten schmoren. Bei mittlerer Hitze unter Rühren zu einem dicken Püree einkochen. Mit Zitronensaft und -schale, Salz, Pfeffer und Kräutern würzen.

4 Eine gefettete Springform mit dem Teig auslegen, dabei einen kleinen Rand formen. Das Zwiebelpüree darauf geben und sternförmig mit den Sardellenfilets belegen. Die Oliven auf dem Belag verteilen.

5 Den Kuchen in den kalten Backofen (mittlere Schiene) stellen und bei 180 °C (Umluft 160 °C, Gas Stufe 2–3) etwa 40 Minuten backen.

Der Name der Pissaladière kommt von lateinisch piscis (Fisch) und salis (Salz). Angeblich leiten sich auch die italienische Pizza und ihr Name von diesem südfranzösischen Brotfladen ab.

Artischocken putzen

1 Die Artischocken waschen und den Stiel abschneiden.
2 Die äußeren harten Blätter entfernen. Blattspitzen abschneiden.
3 Artischocken halbieren und das Heu auslösen. In Zitronenwasser legen.

Wenn die kleinen Artischocken von Januar bis April aus Süditalien kommen, ist die beste Zeit für diese Torte, die sich nicht nur als kleiner Imbiss, sondern auch als feine Vorspeise eignet.

Schmeckt nach Urlaub

Artischockentorte

Für 8 Stücke

Teig:
300 g Mehl, Salz
1 EL Schweineschmalz, 3 EL Öl
75 g Magerjoghurt

Belag:
12 kleine, spitze Artischocken
Saft von 1 Zitrone
1 Zwiebel, 2 Knoblauchzehen
1/2 Bund Petersilie
2 EL Olivenöl
5 EL trockener Weißwein oder Gemüsebrühe
100 g Parmesan
250 g fester Ricotta
50 g Frühstücksspeck
2 Eier
Salz, frisch gemahlener Pfeffer
1/2 TL Oregano
Fett für die Form
Öl zum Bestreichen

100 Minuten Zubereitungszeit
60 Minuten Arbeitszeit

1 Die Teigzutaten und knapp 100 Milliliter kaltes Wasser mit den Knethaken des Handrührgeräts etwa 5 Minuten durchrühren, bis der Teig gut zusammenhält. Den Teig etwa 5 Minuten mit den Händen kräftig durchkneten, bis er geschmeidig und glatt ist.

2 Den Teig zu einem Kloß formen und in einer mit einem feuchten Küchentuch abgedeckten Schüssel ruhen lassen.

3 Die Artischocken putzen (siehe Fotos links), in Scheiben schneiden und in eine Schüssel mit Zitronenwasser legen.

4 Die Zwiebel, den Knoblauch und die Petersilie fein hacken und im heißen Olivenöl dünsten, bis die Zwiebel glasig ist. Die abgetropften Artischockenscheiben und den Wein untermischen und etwa 5 Minuten schmoren. Abkühlen lassen.

5 Inzwischen den Parmesan fein reiben, den Ricotta in kleine Stücke bröckeln. Den Frühstücksspeck in feine Streifen schneiden. Die Artischocken mit den beiden Käsesorten, Speckstreifen, Eiern, Salz, Pfeffer und Oregano mischen.

6 Etwa 2/3 des Teigs zu einer dünnen Platte ausrollen und so in eine gefettete Springform von 26 Zentimeter Durchmesser legen, dass die Platte über den Rand der Form reicht. Die Füllung auf dem Teigboden verteilen.

7 Den Rest des Teigs ebenfalls zu einer dünnen Platte ausrollen, als Deckel auf die Füllung geben und die überstehenden Teigränder rundherum darüber zusammenlegen. Den Teigdeckel mit Öl bestreichen und einige Male mit einer Gabel einstechen.

8 Die Torte in den kalten Backofen (untere Schiene) stellen und bei 200 °C (Umluft 180 °C, Gas Stufe 3–4) etwa 40 Minuten backen.

Spinattorte

1 2 Teigplatten, mit Öl bestrichen und aufeinander geschichtet, in die gefettete Form legen.
2 Die Spinatmischung darauf geben und mit einem Löffel Mulden für die Eier eindrücken.
3 Die restlichen Teigplatten ölen und in 2 Lagen auf den Spinat geben. Gut andrücken.

Klassiker

Italienische Spinattorte

Für 8 Stücke
Teig:
300 g Mehl, 70 g Butter
2 EL Öl, Salz
Füllung:
500 g Spinat, 100 g Ricotta, 6 Eier
3 EL Olivenöl, 3 EL Semmelbrösel
Salz, frisch gemahlener Pfeffer
Mehl und Fett, 2 EL Öl

120 Minuten Zubereitungszeit
45 Minuten Arbeitszeit

1 Das Mehl auf die Arbeitsfläche geben und eine Mulde hineindrücken. In die Mulde die kalte Butter in kleinen Stücken, Öl, 8 Esslöffel Wasser und Salz geben. Alles zu einem glatten Teig zusammenkneten. In 4 Portionen teilen und etwa 30 Minuten kühlen.

2 Den Spinat verlesen, waschen, gut trockenschwenken und zerkleinern. Den Ricotta mit 2 Eiern und dem Öl glatt rühren. Mit den Semmelbröseln unter den Spinat mischen, salzen und pfeffern.

3 Die Teigportionen auf wenig Mehl sehr dünn ausrollen. Eine gefettete und mit Mehl bestäubte Pie- oder Springform mit einer Teigplatte auslegen. Die Teigplatte mit Öl bestreichen, die zweite Teigplatte darauf legen und die Füllung darauf verteilen.

4 In den Spinatbelag 4 Mulden hineindrücken. Die restlichen Eier einzeln in einer Schöpfkelle aufschlagen und in die Mulden gleiten lassen. Mit den restlichen Teigplatten bedecken. Die Teigränder fest andrücken und die Torte mit dem restlichen Öl bestreichen.

5 Die Torte in den kalten Backofen (untere Schiene) stellen und bei 180 °C (Umluft 160 °C, Gas Stufe 2–3) 50 bis 60 Minuten backen.

Ungewöhnliche Würze

Süßkartoffelquiche

Für 8 Stücke
Teig:
4 Scheiben Blätterteig (TK, ca. 300 g)
Mehl zum Ausrollen
Belag:
750 g Süßkartoffeln
40 g Butter, 1 EL Mehl
250 ml Milch
3 EL Zitronensaft
1 EL Zimtpulver
je 1 TL Ingwerpulver und Paprikaflocken (siehe Seite 20)
Salz, frisch gemahlener Pfeffer
geriebene Muskatnuss
2 EL geriebener Bergkäse

90 Minuten Zubereitungszeit
30 Minuten Arbeitszeit

1 Die Blätterteigscheiben nebeneinander auftauen lassen. Auf der bemehlten Arbeitsfläche leicht überlappend nebeneinander legen und ausrollen. Mit der Teigplatte eine kalt ausgespülte Springform auslegen und dabei einen etwa 2 Zentimeter hohen Rand formen. Den Teigboden mit einer Gabel mehrmals einstechen und kühlen, bis der Belag zubereitet ist.

2 Die Süßkartoffeln in der Schale mit wenig Wasser in etwa 30 Minuten weich kochen. In ein Sieb abgießen, kalt abschrecken, schälen, in kleine Würfel schneiden und abkühlen lassen.

3 Die Butter zerlassen und das Mehl unter Rühren darin goldgelb anrösten. Die Milch unter ständigem Rühren langsam zugießen, aufkochen und etwa 5 Minuten kochen lassen. Mit Zitronensaft, Zimt, Ingwer, Paprikaflocken, Salz, Pfeffer und Muskat kräftig würzen.

4 Die Süßkartoffeln auf dem Teig verteilen. Die Sauce darüber gießen und mit dem Käse bestreuen.

5 Den Kuchen in den kalten Backofen stellen (untere Schiene) und bei 180 °C (Umluft 160 °C, Gas Stufe 2–3) etwa 20 Minuten backen, bis die Oberfläche leicht gebräunt ist.

Eine zeitsparende Variation der ligurischen Torta pasqualina, der Ostertorte mit bis zu 33 (!) Böden, ist diese dekorative Spinattorte.

Süßkartoffeln oder Bataten gibt es beim Gemüsehändler und in vielen Supermärkten. Die Knollen kann man genau wie normale Kartoffeln kochen, braten, schmoren, backen und frittieren.

Bekannt und beliebt

Türkische Spinatfladen

Sbrinz ist ein Schweizer Rohmilchkäse – würzig und aromatisch wie Parmesan. Jung schmeckt er zum Wein, gereift eignet er sich gut zum Reiben.

Für 4 Stücke

Teig:

500 g Weizenmehl (Type 1050)
1/2 Päckchen Trockenhefe
1 TL Salz, 1 TL Zitronensaft
1 kleines Ei, 50 g Butter

Füllung:

500 g Spinat
3 Flaschentomaten
200 g weicher Schafskäse (Feta)
1 Knoblauchzehe
1 TL Harissa, Salz
Mehl für die Arbeitsfläche
Fett für das Blech
6 EL Milch

130 Minuten Zubereitungszeit
30 Minuten Arbeitszeit

Tipp der Köchin

Harissa ist typisch für die nordafrikanische Küche, wird aber auch in Israel und den arabischen Ländern verwendet. Die Paste besteht aus getrockneten roten Chilies, Knoblauch, Kreuzkümmel, Koriandersamen und Salz, manchmal auch mit Zitrone oder Minze. Abgepackt in Tuben oder Gläsern, bekommt man die Paste in türkischen Lebensmittelgeschäften, Asien- und Naturkostläden.

1 Die Teigzutaten und 1/8 Liter Wasser mit den Knethaken des Handrührgeräts etwa 5 Minuten kneten, bis sich der Teig vom Schüsselrand löst. Zugedeckt bei Zimmertemperatur etwa 60 Minuten ruhen lassen, bis der Teig sein Volumen verdoppelt hat.

2 Den Spinat verlesen, waschen, trockenschleudern und grob hacken. Die Tomaten überbrühen, abziehen und in kleine Würfel schneiden. Den Käse zerkrümeln, den Knoblauch zerdrücken. Alles zum Spinat geben, mit Harissa und Salz würzen.

3 Den Teig auf wenig Mehl noch einmal kräftig durchkneten. In 2 Portionen teilen. Jedes Stück auf einem mit Mehl bestreuten Küchentuch etwa 1/2 Zentimeter dick zu einem ovalen Fladen ausrollen. Spinat jeweils auf die Fladen geben, dabei rundherum einen 3 Zentimeter breiten Teigstreifen frei lassen. Fladen mit Hilfe des Küchentuchs aufrollen und zugedeckt bei Zimmertemperatur 20 Minuten gehen lassen.

4 Jeden Fladen mit einem Messer längs etwa 10 Zentimeter tief ein-, aber nicht durchschneiden. Die Fladen auf ein gefettetes Backblech legen und mit Milch bestreichen. In den kalten Backofen schieben und bei 200 °C (Umluft 180 °C, Gas Stufe 3–4) etwa 30 Minuten backen.

Klassiker

Schweizer Kartoffelwähe

Für 6 Stücke

Teig:

200 g Mehl, Salz, 100 g Butter

Belag:

1 große Zwiebel, 1 Knoblauchzehe
1 Bund Petersilie, 1 EL Butter
1 TL getrocknete Majoranblättchen
1/8 l Milch, 100 g Sahne
2 Eier
50 g Sbrinz oder Parmesan
600 g mehlige Kartoffeln
Salz, frisch gemahlener Pfeffer

120 Minuten Zubereitungszeit
45 Minuten Arbeitszeit

1 Die Teigzutaten und 4 Esslöffel Wasser erst mit den Knethaken des Handrührgeräts, dann mit den Händen rasch zu einem glatten Teig zusammenkneten. Bei Bedarf teelöffelweise kaltes Wasser unterkneten.

2 Eine Springform mit dem Teig auskleiden, dabei einen 4 Zentimeter hohen Rand formen. Den Teigboden 60 Minuten kühlen.

3 Zwiebel und Knoblauch abziehen, Petersilie waschen und trocknen. Alle drei Zutaten fein zerkleinern und im heißen Fett bei schwacher Hitze dünsten, bis die Zwiebel glasig ist. Den Majoran dazugeben.

4 Die Milch mit der Sahne und den Eiern verquirlen. Den Käse reiben und untermischen.

5 Die Kartoffeln schälen, waschen und in dünne Scheiben hobeln. Auf dem Kuchenboden verteilen, mit Salz und Pfeffer würzen, mit der Zwiebelmischung belegen und mit der Eiersahne übergießen.

6 Die Wähe in den kalten Backofen (mittlere Schiene) stellen und bei 200 °C (Umluft 180 °C, Gas Stufe 3–4) etwa 45 Minuten backen, bis die Kartoffeln weich sind und der gesamte Belag schön gebräunt und fest, aber noch saftig ist.

Die unnachahmliche Kombination aus Spinat, Schafskäse und Knoblauch gibt diesem gefüllten Fladen aus der Türkei seinen typischen Geschmack.

Mozzarella ist wie Milch ein Naturprodukt ohne Farb- oder Konservierungsstoffe. Lose hält er sich mit Salzwasser bedeckt im Kühlschrank etwa 3 Tage, im Folienbeutel bis zu dem aufgedruckten Datum.

Ein sehr leichter Belag, mit dem milden Geschmack von Staudensellerie und edlen Pinienkernen, macht die Quiche zum idealen sommerlichen Imbiss.

Ungewöhnlich

Selleriequiche

Für 10 Stücke

Teig:

175 g Mehl
1 TL Salz
2 Eier
1/2 EL Öl

Belag:

600 g Staudensellerie
2 Zwiebeln
1 Knoblauchzehe
6 Sardellenfilets
3 EL Olivenöl
50 g Korinthen
1 Messerspitze Safranfäden
150 g Sahne
Salz, frisch gemahlener schwarzer Pfeffer, etwas Mehl
Fett für die Fettpfanne
30 g Pinienkerne
2–3 EL Semmelbrösel
125 g Mozzarella
50 g Parmesan
1 EL Butter

120 Minuten Zubereitungszeit
60 Minuten Arbeitszeit

1 Die Teigzutaten und 2 Esslöffel Wasser in einer Schüssel vermischen. Alles mit den Knethaken des Handrührgeräts verrühren. Auf der Arbeitsfläche mit den Händen zu einem geschmeidigen Nudelteig kneten. Gegebenenfalls tropfenweise noch 1 bis 2 weitere Esslöffel Wasser unterkneten. Den Teig in Folie gewickelt 60 Minuten bei Zimmertemperatur ruhen lassen.

2 Inzwischen den Sellerie putzen, waschen und in knapp fingerbreite Stücke schneiden. Die zarten hellgrünen Blättchen der Stangen fein hacken. Die Zwiebeln und den Knoblauch abziehen und fein zerkleinern. Die Sardellenfilets kalt abspülen, trockentupfen und in kleine Stücke schneiden.

3 Das Olivenöl in einer Pfanne erhitzen, Zwiebeln, Knoblauch und Selleriestücke darin 5 Minuten bei mittlerer Hitze schmoren.

4 Sardellen, Sellerieblättchen, Korinthen, Safran und Sahne zugeben, mit wenig Salz und kräftig mit Pfeffer würzen, einmal aufkochen und abkühlen lassen.

5 Den Teig auf wenig Mehl oder in der Nudelmaschine zu dünnen Platten ausrollen. Die Fettpfanne des Backofens fetten und mit den Teigplatten auslegen, dabei rundherum einen etwa fingerhohen Rand formen.

6 Den Selleriebelag auf dem Teigboden verteilen. Mit den Pinienkernen und den Semmelbröseln bestreuen. Den Mozzarella in kleine Würfel schneiden, den Parmesan reiben. Beide Käsesorten auf dem Belag verteilen. Die Butter in kleinen Flöckchen darauf legen.

7 Die Quiche in den kalten Backofen (mittlere Schiene) stellen und bei 200 °C (Umluft 180 °C, Gas Stufe 3–4) etwa 40 Minuten backen.

Spezialität

Französische Kräutertorte

Morbierkäse und Comté stammen aus derselben Region in Frankreich – der Franche-Comté im Jura nahe der Schweizer Grenze. Käse und Sahne, Gemüse und Kräuter spielen dort in der traditionellen bäuerlichen Küche eine große Rolle.

Für 8 Stücke

Teig:

200 g Mehl, Salz, 150 g Butter

Belag:

2 Bund frische Kräutermischung der Provence (Thymian, Rosmarin, Salbei, Lorbeerblatt, evtl. Lavendel)

2 Bund Petersilie

3 Schalotten, 1 Knoblauchzehe

3 EL Butter, 250 g Sahne

4 Eier, Salz, Pfeffer

100 g Morbier oder Comté in dünnen Scheiben

90 Minuten Zubereitungszeit
30 Minuten Arbeitszeit

1 Teigzutaten und 2 Esslöffel kaltes Wasser zu einem glatten Teig kneten. Bei Bedarf noch tropfenweise Wasser zugeben. Eine Springform mit dem Teig auslegen, dabei einen etwa 3 Zentimeter hohen Rand formen. Den Teigboden mehrmals mit einer Gabel einstechen und 60 Minuten kühlen.

2 Kräuter waschen, trocknen und hacken. Schalotten und Knoblauchzehe abziehen und fein hacken.

3 Die Butter erhitzen, aber nicht bräunen. Schalotten, Kräuter und Knoblauch darin bei schwacher Hitze unter häufigem Rühren dünsten, bis die Schalotten fast weich sind. Die Kräutermischung in eine Schüssel geben und abkühlen lassen.

4 Den Teigboden in den kalten Backofen (mittlere Schiene) stellen und bei 220 °C (Umluft 200 °C, Gas Stufe 4–5) 15 Minuten vorbacken.

5 Die Sahne mit den Eiern verquirlen, mit Salz und Pfeffer würzen. Den Tortenboden herausnehmen, zuerst mit den Käsescheiben, dann mit der Kräutermischung belegen. Die Eiersahne darüber gießen.

6 Torte wieder in den Backofen stellen und bei 180 °C (Umluft 160 °C, Gas Stufe 2–3) in weiteren 15 bis 20 Minuten fertig backen.

Aus Ligurien

Mangoldquiche

Für 8 Stücke

Teig:

250 g Mehl, Salz

abgeriebene Schale von 1/2 unbehandelten Zitrone

100 g Butter, 100 ml Weißwein

Fett für die Form

Belag:

700 g Mangold

1 Zwiebel, 1 Knoblauchzehe

2 EL Olivenöl, 150 g Erbsen (TK)

50 g Parmesan, 2 Eier

Salz, Pfeffer

1 TL getrockneter Oregano

geriebene Muskatnuss

250 g Mozzarella

120 Minuten Zubereitungszeit
45 Minuten Arbeitszeit

1 Mehl, Salz, abgeriebene Zitronenschale, Butter, Weißwein und 2 Esslöffel Wasser mit den Knethaken des Handrührgeräts zu einem glatten Teig kneten.

2 Den Teig mit einem Esslöffel in eine gefettete Springform geben. Den Löffelrücken in kaltes Wasser tauchen und den Teig in der Form verteilen, dabei einen gut fingerbreiten Rand hoch drücken. Den Teigboden mit einer Gabel mehrmals einstechen und in der Form 60 Minuten kühlen.

3 Den Mangold putzen, waschen und grob hacken. Zwiebel und Knoblauch abziehen, fein zerkleinern und im Öl glasig dünsten. Mangold und die gefrorenen Erbsen zugeben und bei starker Hitze unter ständigem Rühren etwa 4 Minuten schmoren. Abkühlen lassen.

4 Parmesan reiben, mit den Eiern unter den Mangold mischen. Mit Salz, Pfeffer, Oregano und Muskat würzen. Den Belag auf dem Boden verteilen. Mozzarella in Scheiben schneiden, die Torte damit belegen.

5 Die Torte in den kalten Backofen (untere Schiene) stellen und bei 200 °C (Umluft 180 °C, Gas Stufe 3) etwa 40 Minuten backen.

Käse, Butter, Sahne, Eier und viele frische Kräuter: üppige Zutaten aus der ländlichen französischen Küche für eine gehaltvolle Torte.

Käse aus der Milch von Kühen, die im Sommer auf die Weide dürfen, schmeckt besser als der von Tieren, die nur im Stall gehalten werden. Denn Käse ist immer ein Produkt des Bodens und der Pflanzen, die darauf gedeihen. Wenn ein Landwirt von »saftigen Wiesen« spricht, ist das ein Zeichen für Artenvielfalt: Auf der Weide müssen dann außer Gras und Klee auch noch mindestens 15 Prozent Wildkräuter wachsen.

Spezialität aus der Provence

Provenzalische Tomatenquiche

Für 8 Stücke

Teig:

200 g Mehl, Salz, 100 g Butter

Belag:

1 kleine Zwiebel, 1 Knoblauchzehe
1 TL Öl, 2 Bund Petersilie
4 Sardellenfilets
60 g durchwachsener Speck
4 Tomaten, Salz, Pfeffer
200 g Bergkäse, 2 EL Semmelbrösel
2 Eier, 1/8 l Milch
2 Spritzer Tabascosauce

150 Minuten Zubereitungszeit
60 Minuten Arbeitszeit

1 Teigzutaten und 5 Esslöffel Wasser verkneten. Bei Bedarf tropfenweise Wasser unterkneten. Eine Springform mit dem Teig auskleiden, dabei einen etwa 3 Zentimeter hohen Rand formen. Den Teigboden 60 Minuten kühlen.

2 Zwiebel und Knoblauch abziehen, zerkleinern und im heißen Öl glasig braten. Petersilie, kalt abgespülte Sardellenfilets und Speck fein hacken und untermischen.

3 Die Tomaten überbrühen, abziehen, quer halbieren und aushöhlen. Das herausgeholte Fruchtfleisch zerkleinern und unter die Petersilienmischung rühren. Salz, Pfeffer, grob geriebenen Käse und Semmelbrösel mischen.

4 Den Teigboden in den kalten Backofen schieben und bei 250 °C (Umluft 220 °C, Gas Stufe 6) etwa 10 Minuten vorbacken. Herausnehmen, den Backofen auf 160 °C (Umluft 140 °C, Gas Stufe 1–2) zurückschalten. Die Tomatenhälften mit der Höhlung nach oben auf den Teigboden legen und mit der Petersilienmischung füllen. 2/3 der Käsemischung darauf streuen.

5 Eier mit Milch und Tabascosauce verquirlen und um die Tomaten gießen. Mit dem restlichen Käse bestreuen. Die Quiche in den Backofen schieben und etwa 40 Minuten backen, bis der Käse gebräunt ist.

Süß-sauer

Schweizer Gemüsekuchen

Für 8 Stücke

Teig:

200 g Mehl, Salz, 1 mittelgroßes Ei
150 g Butter

Belag:

500 g Porree, 1 EL Öl
2 EL Sahne
1 TL gekörnte Brühe
Salz, frisch gemahlener Pfeffer
geriebene Muskatnuss
1 Bund Petersilie
3 Äpfel, 1 EL Zitronensaft
250 g Emmentaler oder Greyerzer
1 EL Butter oder Pflanzenmargarine

120 Minuten Zubereitungszeit
40 Minuten Arbeitszeit

1 Die Teigzutaten mit den Knethaken des Handrührgeräts zu einem glatten Teig kneten. Bei Bedarf tropfenweise Wasser zugeben. Eine Springform mit dem Teig auslegen und dabei einen etwa 3 Zentimeter hohen Rand formen. Den Teigboden mehrmals mit einer Gabel einstechen und 60 Minuten kühlen.

2 Für den Belag den Porree putzen, waschen und mit allen saftigen, grünen Blättern in feine Ringe schneiden. Im heißen Öl unter Rühren kurz anbraten. Die Sahne, 3 Esslöffel Wasser und die Brühe zugeben und das Gemüse etwa 5 Minuten schmoren. Mit Salz, Pfeffer und Muskat würzen und abkühlen lassen. Die gewaschene Petersilie fein hacken und untermischen.

3 Die Porreemasse auf dem Teigboden verteilen. Die Äpfel vierteln, schälen, vom Kerngehäuse befreien und in dünne Schnitze teilen. Mit Zitronensaft mischen und dachziegelartig auf die Porreemischung legen. Den Käse raspeln und darüber streuen, das Fett in Stückchen teilen und auf den Käse legen.

4 Den Kuchen in den kalten Backofen (untere Schiene) stellen und bei 200 °C (Umluft 180 °C, Gas Stufe 3–4) etwa 40 Minuten backen.

Sehr dekorativ und perfekt als Vorspeise in einem mediterranen Menü: Tomatenquiche aus der Provence.

Wer auf Cholesterin achten muss, nimmt für den Teig und die Fettflöckchen auf der Quiche statt Butter gute Pflanzenmargarine.

Die Edlen

Was passt zum feinen Sektempfang, was als Vorspeise fürs große Menü, was lässt sich für Gäste gut vorbereiten? Ziehen Sie einfach das folgende Kapitel zurate, und überraschen Sie Ihre Freunde mit einer zarten Spargelquiche oder mit Lachstörtchen, die auf der Zunge zergehen, oder – blitzschnell fertig – mit einer pikanten Fischtarte.

Chinesisch inspiriert

Geflügeltarte mit Ingwer und Nüssen

Zum Reiben der frischen Ingwerwurzel eignet sich die feine Rohkost- oder die Reibe für Zitronenschale.

Für 8 Stücke

Teig:
- 100 g Mehl
- 100 g gemahlene Mandeln
- abgeriebene Schale von 1/4 unbehandelten Zitrone
- 1 Prise Salz
- 100 g Butter

Belag:
- 300 g Putenbrustfilet
- 4 EL helle Sojasauce
- 3 EL trockener Sherry
- 1 TL Zucker
- 3 TL Speisestärke
- 1 Bund Lauchzwiebeln
- 2 grüne Chilischoten (oder 1/2 TL Cayennepfeffer)
- 4 Knoblauchzehen
- 1 Stück frischer Ingwer (ca. 3 cm)
- 100 g ungesalzene Erdnusskerne
- 4 EL Öl

120 Minuten Zubereitungszeit
60 Minuten Arbeitszeit

1 Mehl, gemahlene Mandeln, abgeriebene Zitronenschale, Salz, weiche Butter und etwa 1 Esslöffel kaltes Wasser zuerst mit den Knethaken des Handrührers vermischen, und dann mit den Händen zu einem glatten Mürbeteig verkneten. Bei Bedarf noch tropfenweise Wasser zugeben.

2 Eine Springform von 28 Zentimeter Durchmesser mit dem Teig auslegen und dabei einen etwa 3 Zentimeter hohen Rand formen. Den Teigboden mehrmals mit einer Gabel einstechen und für 60 Minuten in den Kühlschrank stellen.

3 Inzwischen für die Füllung das Fleisch in Würfel von etwa 2 bis 3 Zentimeter Kantenlänge schneiden. Die Sojasauce mit Sherry, Zucker und Speisestärke verrühren. Das Fleisch darunter mischen und in dieser Marinade etwa 20 Minuten zugedeckt ziehen lassen.

4 Die Lauchzwiebeln putzen, waschen und mit den saftigen grünen Blättern in Ringe schneiden. Die Chilischoten der Länge nach halbieren, entkernen und in Streifen schneiden. Die Knoblauchzehen abziehen und fein zerkleinern. Den Ingwer schälen und fein reiben. Die Erdnüsse hacken.

5 Den Teigboden in den kalten Backofen (mittlere Schiene) stellen und bei 220 °C (Umluft 200 °C, Gas Stufe 4–5) 10 Minuten vorbacken.

6 Das Fleisch im heißen Öl bei starker Hitze kräftig braun anbraten. Lauchzwiebeln, Chilis, Knoblauch und den Ingwer zugeben und weitere 3 Minuten bei mittlerer Hitze braten.

7 Den Belag auf dem Teig verteilen, mit den gehackten Nüssen bestreuen und die Tarte bei 200 °C (Umluft 180 °C, Gas Stufe 3–4) weitere 40 Minuten backen.

Schnell und fein

Fischtarte

Für 8 Stücke

Teig:
4 Scheiben Blätterteig (TK, ca. 300 g)
Mehl für die Arbeitsfläche

Belag:
500 g küchenfertige Schollenfilets
2 Bund Dill
100 g Crème fraîche, 2 Eigelbe
300 g Shrimps
Saft von 1/2 Zitrone
Salz, frisch gemahlener Pfeffer

45 Minuten Zubereitungszeit
15 Minuten Arbeitszeit

1 Die Blätterteigscheiben auftauen lassen. Die Scheiben überlappend nebeneinander legen, ausrollen und in eine Springform geben.

2 Die Schollenfilets kalt abspülen und trockentupfen. Mit dem gewaschenen Dill im Mixer pürieren. Crème fraîche, Eigelbe, Shrimps und Zitronensaft unter das Püree rühren. Das Fischpüree mit Salz und Pfeffer würzen und gleichmäßig auf dem Teigboden verteilen.

3 Die Quiche in den Backofen (mittlere Schiene) stellen und bei 220 °C (Umluft 200 °C, Gas Stufe 4–5) etwa 30 Minuten backen.

Fischtarte mit Shrimps: geht verblüffend schnell und schmeckt als Vorspeise oder zum Brunch.

Tipp der Köchin

Bei Quiche mit Fisch wird der Belag mit Ei gebunden, denn Käse und Fisch passen nicht so gut zusammen.

Züm Sattessen

Lammquiche

Auch für edle Quiches nimmt man preiswertes Fleisch zum Schmoren. Denn geschnetzelte Lammkeule, Rinderlende oder Schweinefilet eignen sich nur zum kurzen Braten und werden beim Backen im Ofen trocken.

Für 8 Stücke

Füllung:

500 g Lammschulter ohne Knochen
Schale und Saft von 1/2 unbehandelten Zitrone
2 Zweige Salbei, 2 Knoblauchzehen
2 Tomaten, 1 Bund Suppengrün
1 große Zwiebel, 2 EL Öl
4 EL Weinbrand oder Orangensaft
Salz, frisch gemahlener Pfeffer

Teig:

200 g Mehl, Salz
75 g Butter, 2 EL Buttermilch
Fett für die Form

Guss:

2 Eier, 200 ml Milch
2 EL Crème fraîche
40 g mittelalter Gouda

135 Minuten Zubereitungszeit
60 Minuten Arbeitszeit

1 Das Fleisch waschen, trockentupfen und in etwa 2 Zentimeter große Würfel schneiden. Die Zitronenschale dünn abschälen und fein hacken. Den Saft auspressen. Salbeiblätter in feine Streifen schneiden, den Knoblauch abziehen und zerdrücken. Das Fleisch mit diesen Zutaten vermischen und 30 Minuten zugedeckt im Kühlschrank ziehen lassen.

Die Lammquiche dauert etwas länger, bildet dafür aber mit einem Salat ein komplettes Essen.

2 Die Tomaten überbrühen, abziehen und würfeln. Das geputzte Suppengrün und die abgezogene Zwiebel fein hacken und im heißen Öl braten, bis die Zwiebel glasig ist. Die Fleischmischung zugeben und bei starker Hitze kräftig anbraten.

3 Die Tomaten, den Weinbrand, Salz und Pfeffer zugeben und alles zugedeckt 40 Minuten schmoren. Abkühlen lassen.

4 Inzwischen für den Teig das Mehl mit Salz, dem weichen Fett, Buttermilch und 70 Milliliter Wasser mit den Knethaken des Handrührgeräts zu einem glatten Teig kneten.

5 Den Teig mit einem Löffel in eine gefettete Springform geben. Den Löffelrücken in kaltes Wasser tauchen und den Teig in der Form verteilen, dabei einen gut fingerbreiten Rand hoch drücken, und den Löffel immer wieder in kaltes Wasser tauchen, damit der Teig nicht haften bleibt. Den Teigboden in der Form 60 Minuten kühlen.

6 Den Kuchenboden in den kalten Backofen (mittlere Schiene) stellen und bei 220 °C (Umluft 200 °C, Gas Stufe 4–5) 15 Minuten vorbacken.

7 Die Fleischmischung auf dem Teigboden verteilen. Die Eier mit der Milch und der Crème fraîche verrühren und darüber gießen. Den Käse reiben und die Quiche damit bestreuen.

8 Die Quiche wieder in den Backofen schieben und bei 200 °C (Umluft 180 °C, Gas Stufe 3–4) weitere 25 bis 30 Minuten backen, bis sie leicht gebräunt ist.

Fein und leicht

Spargelquiche

Grüne-Sauce-Kräuter gibt es im Bund auf vielen Märkten und beim Gemüsehändler. Es sind gewöhnlich Petersilie, Schnittlauch, Kerbel, Brunnenkresse, Borretsch und Sauerampfer, manchmal auch Dill – die Kräuter eben, die man für die klassische Frankfurter Grüne Sauce nimmt.

Für 8 Stücke

Teig:
- 200 g Mehl, Salz
- 75 g Butter
- 2 EL Buttermilch
- Fett für die Form

Belag:
- 300 g Spargelspitzen
- 100 g Zuckerschoten
- 1 EL Butter, 1 EL Zitronensaft
- 1 Bund Grüne-Sauce-Kräuter (siehe links)
- Salz, frisch gemahlener weißer Pfeffer
- 200 g Sahne, 1 Ei
- 40 g Greyerzer

120 Minuten Zubereitungszeit
40 Minuten Arbeitszeit

1 Das Mehl mit Salz, der weichen Butter, Buttermilch und 70 Milliliter Wasser mit den Knethaken des Handrührgeräts zu einem glatten Teig kneten.

2 Den Teig mit einem Löffel in eine gefettete Springform geben. Den Löffelrücken in kaltes Wasser tauchen und den Teig in der Form verteilen, dabei einen gut fingerbreiten Rand hoch drücken. Den Teigboden in der Form 60 Minuten kühlen.

3 Die Spargelspitzen und die Zuckerschoten waschen. Den Spargel gegebenenfalls dünn schälen, die Zuckerschoten von Blüten- und Stielansätzen befreien.

4 Die Butter erhitzen, Spargel und Zuckerschoten darin bei schwacher Hitze etwa 3 Minuten dünsten. Mit dem Zitronensaft mischen und abkühlen lassen.

5 Den Kuchenboden in den kalten Backofen (mittlere Schiene) stellen und bei 220 °C (Umluft 200 °C, Gas Stufe 4–5) 15 Minuten vorbacken.

6 Die Kräuter waschen, trocknen und fein zerkleinern. Mit Spargel und Zuckerschoten mischen, mit Salz und Pfeffer würzen und auf dem Teigboden verteilen. Die Sahne mit dem Ei verrühren und darüber gießen. Den Käse reiben und die Quiche damit bestreuen.

7 Die Quiche wieder in den Backofen schieben und bei 200 °C (Umluft 180 °C, Gas Stufe 3–4) weitere 25 bis 30 Minuten backen, bis sie leicht gebräunt ist.

Imbiss zum Wein

Herzhafte Käsetorte

Für 4 Stücke

Teig:
- 100 g Weizenvollkornmehl
- Salz, geriebene Muskatnuss
- 50 g weiche Butter

Belag:
- 150 g Emmentaler
- 2 Knoblauchzehen
- 3 EL Sahne
- 2 kleine Eier
- Salz, Cayennepfeffer

120 Minuten Zubereitungszeit
25 Minuten Arbeitszeit

1 Teigzutaten mit 3 Esslöffeln Wasser zu einem glatten Teig verkneten. Eine Springform (18 Zentimeter Durchmesser) damit auslegen, dabei einen 2 Zentimeter hohen Rand formen. Den Teig mehrmals einstechen, 60 Minuten kühlen.

2 Käse reiben und auf den Teigboden streuen. Den Knoblauch abziehen und zerdrücken. Mit Sahne, Eiern, Salz und Cayennepfeffer mischen, über dem Käse verteilen.

3 Die Torte in den kalten Backofen (mittlere Schiene) schieben und bei 200 °C (Umluft 180 °C, Gas Stufe 3–4) etwa 35 Minuten backen.

Auch feines Frühlingsgemüse eignet sich als Quichebelag: Der Beweis ist diese edle Torte mit Spargel, Zuckerschoten und den ersten, zarten Kräutern.

Tipp der Köchin

Wer keine Eier essen will, nimmt stattdessen 1/8 Liter Milch für den Belag.

Bei Cheddarkäse gibt es verschiedene Arten, z. B. traditionell hergestellten, über Monate gereiften Farmhouse Cheddar, eine britische Spezialität mit feinem, nussartigem Geschmack. Preiswerter weißer oder gelber Cheddar aus großen Käsereien gehört in Nord- und Mitteleuropa, den USA und Australien zu den bekannten und beliebten Käsesorten. Intensiv gelber oder orangefarbener Käse ist oft mit Annatto, bestimmten Pflanzensamen, gefärbt. Für die Quiche können Sie jede dieser Arten verwenden.

Wie in Italien

Rucolakuchen mit Pilzen

Für 6 Stücke

Teig:
- 200 g Mehl, Salz
- 125 g Butter

Belag:
- 200 g Austernpilze
- 1 Zwiebel, 2 Knoblauchzehen
- 100 g Rucola
- 3 EL Öl
- 150 g Cheddar (siehe links)
- 1/4 l Milch, 1 Ei
- Salz, Cayennepfeffer

120 Minuten Zubereitungszeit
45 Minuten Arbeitszeit

1 Die Teigzutaten und 4 Esslöffel Wasser erst mit den Knethaken des Handrührgeräts, dann mit den Händen rasch zu einem glatten Teig zusammenkneten. Wenn der Teig zu trocken ist, teelöffelweise kaltes Wasser unterkneten. Eine Springform mit dem Teig auskleiden, dabei einen 3 Zentimeter hohen Rand formen. Den Teigboden 60 Minuten kühlen.

2 Pilze in Streifen schneiden, Zwiebel und Knoblauchzehen abziehen und fein zerkleinern. Rucola waschen und trocknen, die Blätter grob, die Stiele fein zerkleinern.

3 Pilze, Zwiebel, Knoblauch und Rucolastiele im heißen Öl zugedeckt bei schwacher Hitze 5 Minuten dünsten. Bei starker Hitze kräftig rösten, bis alle Flüssigkeit verdampft ist. Rucolablätter untermischen und die Pfanne von der Kochstelle nehmen.

4 Den Käse fein reiben. Die Milch mit dem Ei verrühren, mit Salz und Cayennepfeffer würzen.

5 Den Teigboden in den kalten Backofen (mittlere Schiene) stellen und bei 220 °C (Umluft 200 °C, Gas Stufe 4–5) 20 Minuten vorbacken.

6 Den Rucolabelag auf dem Teig verteilen, mit dem Käse bestreuen, mit der Eiermilch übergießen und den Kuchen bei 200 °C (Umluft 180 °C, Gas Stufe 3–4) noch etwa 30 Minuten backen.

Ungewöhnlich

Tomaten-Orangen-Quiche

Für 8 Stücke

Teig:
- 200 g Mehl, Salz
- 75 g Butter
- 1 Messerspitze gemahlener Koriander, Fett für die Form

Belag:
- 500 g Tomaten
- 6 EL Olivenöl
- 2 Orangen
- 2 Knoblauchzehen
- Salz, 1 Prise Zucker
- 1 TL Paprikaflocken (siehe Seite 20)

100 Minuten Zubereitungszeit
20 Minuten Arbeitszeit

1 Die Teigzutaten und 5 Esslöffel Wasser mit den Knethaken des Handrührgeräts zu einem glatten Teig vermischen. Falls dieser bröckelig ist und nicht zusammenhält, weitere 1 bis 2 Esslöffel Wasser zugeben.

2 Eine gefettete Springform mit dem Teig auskleiden, dabei rundherum einen etwa 2 Zentimeter hohen Rand formen. Den Teig in der Form etwa 60 Minuten kühlen.

3 Inzwischen die Tomaten mit kochendem Wasser überbrühen, abziehen, in Stücke schneiden und im heißen Olivenöl schmoren, bis alle Flüssigkeit verdampft ist. Die Orangen auspressen, den Saft zugeben. Die Knoblauchzehen abziehen, zerdrücken und zum Tomatenpüree geben. Das Püree mit Salz, Zucker und Paprikaflocken würzen.

4 Den Teigboden in den kalten Backofen (mittlere Schiene) schieben und bei 220 °C (Umluft 200 °C, Gas Stufe 4–5) 10 Minuten vorbacken.

5 Das Püree auf dem Teigboden verteilen, die Quiche wieder in den Backofen schieben und bei 200 °C (Umluft 180 °C, Gas Stufe 3–4) in 20 bis 30 Minuten fertig backen.

Die alte Gewürzpflanze Rauke hat sich unter ihrem italienischen Namen »Rucola« in den letzten Jahren wieder einen Platz in unseren Küchen erobert. Auf der Quiche verträgt sie sich wunderbar mit den milden Austernpilzen.

Törtchen formen

1 *Den Teig in gleich große Stücke teilen und jedes Stück auf wenig Mehl flach drücken.*
2 *Dünne Kreise ausrollen, die etwa 2 Zentimeter größer als die Förmchen sein sollten.*
3 *Teigkreise in die Förmchen legen und füllen, Ränder einschlagen und über die Füllung legen.*

Fürs große Menü

Lachstörtchen

Für 4 Stück
Teig:
150 g Mehl, 1 Ei
1 EL Öl, Salz
Mehl zum Ausrollen
Belag:
125 g Sahne
2 Eier
1 TL getrockneter Estragon
Salz, frisch gemahlener Pfeffer
150 g Lachsfilet
50 g Tiefseekrabben
Saft und abgeriebene Schale von 1/4 unbehandelten Zitrone
Mehl für die Arbeitsfläche
Fett für die Förmchen

90 Minuten Zubereitungszeit
45 Minuten Arbeitszeit

1 Die Teigzutaten und 3 Esslöffel Wasser mit den Knethaken des Handrührers verkneten, bis die Zutaten zusammenhalten. Auf die Arbeitsfläche geben, etwa 10 Minuten mit den Händen kneten und dabei eventuell noch etwas kaltes Wasser zugeben, bis der Teig so geschmeidig ist, dass er nicht bröckelt oder an den Fingern klebt.

2 Den Teig in Folie gewickelt 60 Minuten bei Zimmertemperatur ruhen lassen.

3 Die Sahne mit Eiern, Estragon, Salz und Pfeffer verquirlen. Den Lachs kalt abspülen, trockentupfen und in etwa 1/2 Zentimeter große Würfel schneiden. Mit den Krabben, Salz, Pfeffer, Zitronensaft und -schale mischen.

4 Den Teig wie links beschrieben in gefettete Obstkuchenförmchen von 12 Zentimeter Durchmesser geben.

5 Lachsmischung und Eiersahne gleichmäßig auf die Formen verteilen. Die Quiches in den kalten Backofen (mittlere Schiene) stellen und bei 180 °C (Umluft 160 °C, Gas Stufe 2–3) etwa 25 Minuten backen.

Vollwertig

Zucchiniquiche

Für 12 Stücke
Teig:
250 g Weizenvollkornmehl
Salz
1 Ei
125 g Butter
Belag:
200 g kleine Zucchini
3 EL Öl
200 g Rinderhackfleisch
Salz, frisch gemahlener Pfeffer
100 g Greyerzer in dünnen Scheiben
50 g roher Schinken
2 Eier, 250 g Sahne
Cayennepfeffer
geriebene Muskatnuss
1 EL Butter oder Pflanzenmargarine

100 Minuten Zubereitungszeit
40 Minuten Arbeitszeit

1 Teigzutaten und 2 Esslöffel Wasser zu einem glatten Teig kneten. Falls der Teig zu trocken ist, tropfenweise Wasser unterkneten.

2 Eine Springform mit dem Teig auskleiden, dabei einen etwa 4 Zentimeter hohen Rand formen. Den Teigboden mit einer Gabel mehrmals einstechen und 30 Minuten kühlen.

3 Zucchini waschen, der Länge nach in dünne Scheiben schneiden und im heißen Öl weich braten; auf dem Quicheboden verteilen. Hackfleisch im selben Öl braun und krümelig braten. Mit Salz und Pfeffer würzen, auf die Zucchini geben.

4 Käse- und Schinkenscheiben in etwa 3 Zentimeter breite Streifen schneiden und schuppenförmig auf dem Hackfleisch verteilen.

5 Die Eier mit der Sahne, Salz und jeweils einer kräftigen Prise Pfeffer, Cayennepfeffer und Muskatnuss verrühren. Über die Quiche gießen. Das Fett in kleine Stücke teilen und die Quiche damit belegen.

6 Die Quiche in den kalten Backofen (mittlere Schiene) stellen und bei 200 °C (Umluft 180 °C, Gas Stufe 3–4) etwa 30 Minuten backen, bis der Belag schön gebräunt und fest, aber noch saftig ist.

Hervorragend als Imbiss zum Champagner oder als feine Vorspeise: kleine Lachstörtchen mit einem Hauch Estragon.

Statt Rindfleisch schmeckt auch mageres Lammfleisch: entweder gleich vom Metzger durch den Fleischwolf drehen lassen oder zu Hause mit dem Wiegemesser fein zerkleinern.

Die Schnellen

Traditionelle Quiches und Tartes mit selbst hergestelltem Teigboden sind nicht gerade die Stars der schnellen Küche. Doch wenn Sie zu den überall erhältlichen Fertigteigen greifen – tiefgekühlter Blätterteig, Brötchenteig aus der Dose oder türkische Yufkablätter –, werden auch herzhafte Kuchen zu Blitzrezepten, die sich schnell für eine kleinere oder größere Runde zubereiten lassen. Belegen Sie sie nach unseren Vorschlägen mit Kartoffeln und Käse, Tomaten und Schafskäse, Ratatouille … oder Ihrem Lieblingsgemüse.

Pizzakäse gibt es fertig gerieben und abgepackt im Supermarkt. Als Alternative kann man frisch geriebenen, mittelalten Gouda verwenden.

Außergewöhnlich

Linsenkuchen

Für 8 Stücke

Teig:
4 Scheiben Blätterteig (TK, ca. 300 g)

Belag:
2 Schalotten
2 EL Olivenöl
100 g rote Linsen
1 TL gekörnte Brühe
Salz, Pfeffer
Mehl für die Arbeitsfläche
2 Eier
1 Päckchen Mexikanische Kräutermischung (TK)
4 geräucherte Forellenfilets

60 Minuten Zubereitungszeit
20 Minuten Arbeitszeit

1 Die Blätterteigplatten nebeneinander auf die Arbeitsplatte legen und auftauen lassen.

2 Die Schalotten abziehen und fein hacken. Im heißen Öl glasig braten. Die Linsen, 200 Milliliter Wasser und die gekörnte Brühe zugeben, einmal aufkochen und zugedeckt bei schwacher Hitze 10 Minuten garen. Mit Salz und Pfeffer würzen und etwas abkühlen lassen.

3 Die Arbeitsfläche mit etwas Mehl bestreuen. Die Blätterteigplatten leicht überlappend nebeneinander legen und ausrollen. Eine kalt ausgespülte Springform damit auslegen. Dabei einen etwa 2 Zentimeter hohen Rand formen. Den Teigboden mehrmals einstechen.

4 Die Linsen mit den Eiern und den Kräutern vermischen und auf dem Kuchenboden verteilen. Die Forellenfilets der Länge nach halbieren und auf die Linsen legen.

5 Den Linsenkuchen in den kalten Backofen (untere Schiene) stellen und bei 200 °C (Umluft 180 °C, Gas Stufe 3–4) etwa 35 Minuten lang backen, bis die Oberfläche leicht gebräunt ist.

Gelingt leicht

Kohlrabiquiche

Für 10 Stücke
4 mittelgroße Kohlrabi
1 kleine Zwiebel
3 EL Öl, Salz
1 TL Paprikapulver
1 Dose Fertigteig für herzhafte Brötchen (ca. 400 g)
Fett für das Blech
100 g Crème double
200 g Pizzakäse
1 EL Essig, 1 Prise Zucker

50 Minuten Zubereitungszeit
35 Minuten Arbeitszeit

1 Die Kohlrabi schälen und auf der Gemüsereibe grob raspeln. Die zarten Blättchen aufheben und für den Belag beiseite legen. Die Zwiebel abziehen und sehr fein hacken. Das Öl heiß werden lassen und die Zwiebel glasig braten.

2 Das Paprikapulver über die Zwiebel streuen, die Kohlrabiraspel untermischen und mit Salz würzen. Zugedeckt bei schwacher Hitze 5 Minuten schmoren.

3 Inzwischen den Brötchenteig aus der Dose nehmen und mit den Händen als großes Rechteck auf ein gefettetes Backblech flach drücken.

4 Die beiseite gelegten Kohlrabiblättchen waschen und fein hacken, mit der Crème double und der halben Menge Käse unter das Gemüse mischen. Mit Essig und Zucker abschmecken.

5 Das Gemüse gleichmäßig auf dem Brötchenteig verteilen und mit dem restlichen Pizzakäse bestreuen.

6 Die Quiche in den kalten Backofen (mittlere Schiene) schieben und bei 220 °C (Umluft 200 °C, Gas Stufe 4–5) in etwa 20 Minuten backen, bis die Oberfläche leicht gebräunt ist. Heiß oder lauwarm servieren.

Hübsch anzusehen und schnell gar: Rote Linsen sind für eilige Köche die Stars unter den Hülsenfrüchten.

Tiefgekühlten Rosenkohl als Quichebelag müssen Sie vorgaren, bei Rahmporree, Rahmwirsing oder Erbsen mit Möhren reicht Auftauen.

Kleines Mittagessen

Rosenkohlquiche

Für 8 Stücke

Teig:

200 g Mehl, Salz

75 g Butter, Fett für das Blech

Belag:

2 Pakete Rosenkohl (TK, 600 g)

1 Päckchen Zwiebeln und Knoblauch (TK)

1 Päckchen Asiatische Kräutermischung (TK)

200 ml Milch, 200 g Gratinkäse

Salz, frisch gemahlener Pfeffer

1 EL Kürbiskerne

60 Minuten Zubereitungszeit
15 Minuten Arbeitszeit

1 Mehl und Salz in einer Schüssel mischen. Die Butter schmelzen und goldbraun werden lassen. Abkühlen lassen und 100 Milliliter Wasser zugießen, zum Mehl geben und mit einem Kochlöffel vermischen.

2 Den Teig in einer gefetteten Springform auseinander drücken und einen 2 Zentimeter hohen Rand formen. Den Teigboden mehrmals einstechen und 60 Minuten kühlen.

3 Den gefrorenen Rosenkohl mit 2 Esslöffeln Wasser aufkochen und zugedeckt 10 Minuten dünsten. Mit der Zwiebel-, der Kräutermischung und der Milch verrühren und etwas abkühlen lassen.

4 Den Teigboden in den kalten Backofen (mittlere Schiene) stellen und bei 220 °C (Umluft 200 °C, Gas Stufe 4–5) 20 Minuten vorbacken.

5 Den Rosenkohl mit der halben Menge Käse mischen, mit Salz und Pfeffer würzen und auf dem Kuchenboden verteilen.

6 Die Quiche mit dem restlichen Käse und den Kürbiskernen bestreuen und bei 180 °C (Umluft 160 °C, Gas Stufe 2–3) weitere 25 bis 30 Minuten backen.

Preiswert

Kartoffelkuchen

Für 8 Stücke

Teig:

4 Scheiben Blätterteig (TK, ca. 300 g)

Mehl

Belag:

500 g mehlig kochende Kartoffeln

3 Tomaten, 2 Zwiebeln

2 Zweige frisches Basilikum

1 EL gekörnte Brühe

125 g Gratinkäse

90 Minuten Zubereitungszeit
30 Minuten Arbeitszeit

1 Die Blätterteigplatten nebeneinander legen und auftauen lassen. Die Arbeitsfläche mit etwas Mehl bestreuen. Blätterteigplatten leicht überlappend nebeneinander legen und ausrollen. Eine kalt ausgespülte Springform damit auslegen. Dabei einen 3 Zentimeter hohen Rand formen. Den Teigboden mit einer Gabel mehrmals einstechen.

2 Kartoffeln schälen und in dünne Scheiben schneiden. Die Hälfte davon auf dem Teigboden verteilen.

3 Die Tomaten überbrühen. Zwiebeln und Tomaten abziehen und in kleine Würfel schneiden. Basilikumblättchen in Streifen schneiden. Alles mischen und auf den Kartoffeln verteilen. Mit den restlichen Kartoffelscheiben bedecken.

4 Die gekörnte Brühe in 1/4 Liter heißem Wasser auflösen und über den Belag gießen. Mit dem Käse bestreuen, in den kalten Backofen (mittlere Schiene) stellen und bei 180 °C (Umluft 160 °C, Gas Stufe 2–3) etwa 60 Minuten backen.

Variante

Tomaten und Zwiebeln zusätzlich mit 500 Gramm krümelig gebratenem Hackfleisch und 2 geraspelten Möhren mischen.

Rosenkohl enthält besonders viel Vitamin C – als habe die Natur es so eingerichtet, um unseren winterlichen Vitaminmangel auszugleichen.

Tomaten gehören weltweit zum beliebtesten Gemüse: Rund 70 Millionen Tonnen werden jährlich geerntet und gegessen. Sie brauchen Sonne und Wärme, damit sich die Fruchtsäuren für das feine Aroma entwickeln.

Aus der Mittelmeerküche

Tomatenquiche

Für 6 Stücke

12 rechteckige Yufka-Teigblätter (siehe Seite 7)
6 EL Olivenöl
12 Flaschentomaten
Salz
frisch gemahlener Pfeffer
200 g weicher Schafskäse (Feta)
1/2 Päckchen Italienische Kräuter (TK)
60 g Semmelbrösel

40 Minuten Zubereitungszeit
20 Minuten Arbeitszeit

1 Den Backofen auf 220 °C (Umluft 200 °C, Gas Stufe 4–5) vorheizen.

2 Ein Backblech mit den Teigblättern auslegen; dabei sollen sich die Ränder der Teigblätter immer etwa fingerbreit überlappen. Mit ungefähr der Hälfte des Olivenöls beträufeln.

3 Die Tomaten waschen, quer zu den Samenkammern halbieren und nebeneinander auf die Teigblätter legen. Mit etwas Salz und reichlich Pfeffer aus der Mühle würzen.

4 Den Schafskäse zerkrümeln. Mit den Kräutern und den Semmelbröseln mischen und auf den Tomaten verteilen. Das restliche Öl darüber träufeln.

5 Das Blech in den heißen Backofen (mittlere Schiene) schieben, den Backofen auf 200 °C (Umluft 180 °C, Gas Stufe 3–4) zurückschalten und die Quiche 20 Minuten backen, bis die Kruste leicht braun ist.

Blitzrezept

Sommergemüsetarte

Für 10 Stücke

4 Scheiben Blätterteig (TK, ca. 300 g)
60 g Parmesan
6 EL Olivenöl
1 Paket Sommergemüse (TK, 450 g)
4 Eier
1/2 Päckchen Kräuter der Provence (TK)
Salz, frisch gemahlener weißer Pfeffer
Mehl für die Arbeitsfläche

30 Minuten Zubereitungszeit
10 Minuten Arbeitszeit

1 Den Backofen auf 220 °C (Umluft 200 °C, Gas Stufe 4–5) vorheizen. Die Blätterteigscheiben nebeneinander legen und auftauen lassen. Den Käse fein reiben.

2 Eine Gratin- oder Pizzaform von 24 Zentimeter Durchmesser gründ-

lich mit dem Öl ausstreichen. Das gefrorene Gemüse mit dem Käse, den Eiern und den Kräutern mischen, mit Salz und Pfeffer kräftig würzen und in der Form verteilen.

3 Die Arbeitsfläche gleichmäßig mit etwas Mehl bestreuen. Die Blätterteigplatten etwas überlappend nebeneinander legen und mit dem bemehlten Nudelholz ausrollen, bis die Teigplatte etwas größer als die Form ist.

4 Die Teigplatte über das Nudelholz wickeln, über der Form wieder abrollen und das Gemüse mit dem Teig bedecken.

5 Die Tarte in den heißen Backofen (mittlere Schiene) schieben, den Backofen auf 200 °C (Umluft 180 °C, Gas Stufe 3–4) zurückschalten und die Tarte etwa 20 Minuten backen, bis sie leicht gebräunt ist.

6 Die Tarte aus dem Backofen nehmen, in der Form 10 Minuten ruhen lassen und stürzen.

Tipp der Köchin

Blätterteigscheiben zum Auftauen immer nebeneinander legen: Aufeinander geschichtet werden sie matschig.

Gefüllte Tomaten mit »Unterlage« aus Yufka-Teigblättern sind eine leichte, sommerliche Mahlzeit, die sich auch für viele Esser schnell zubereiten lässt.

Die Bohnen garen auf dem Quicheboden im Backofen. Dabei genügen als Flüssigkeit Crème fraîche und das Wasser, das sich beim Vorgaren im fest geschlossenen Topf bildet. Wichtig ist nur, dass Sie das Gemüse mit dieser Flüssigkeit auf den Teigboden geben, die Crème fraîche zufügen und die Quiche gleich in den Ofen schieben.

Deftiges auf die Schnelle

Quiche mit Bohnen und Kräutern

Für 4 Portionen

Teig:

1 Dose Fertigteig für herzhafte Brötchen (400 g)

Fett für das Backblech

Belag:

4 dünne Scheiben Frühstücksspeck

1 Paket Grüne Bohnen (TK, 300 g)

1/2 Päckchen Zwiebel und Knoblauch (TK)

1/2 Päckchen Kräuter der Provence (TK)

150 g Crème fraîche

Salz

frisch gemahlener weißer Pfeffer

geriebene Muskatnuss

2 Eier

50 g Gratinkäse

50 Minuten Zubereitungszeit
25 Minuten Arbeitszeit

1 Den Brötchenteig aus der Dose nehmen und auf die Größe eines Backblechs flach drücken. Das Teigrechteck auf das gefettete Backblech geben.

2 Den Frühstücksspeck in einer Pfanne ohne Fett bei schwacher Hitze knusprig ausbraten.

3 Die Bohnen, Zwiebel, Knoblauch und die provenzalischen Kräuter untermischen und etwa 5 Minuten zugedeckt schmoren. Etwas abkühlen lassen, bis die Masse nur noch lauwarm ist. Die Masse auf dem Teig verteilen.

4 Die Crème fraîche mit Salz, Pfeffer und Muskat verrühren und über das Gemüse gießen.

5 Mit einem Esslöffel 2 Mulden hineindrücken, die Eier in eine Schöpfkelle aufschlagen und auf das Gemüse gleiten lassen. Mit dem geriebenen Käse bestreuen.

6 Die Quiche in den Backofen (mittlere Schiene) stellen und bei 220 °C (Umluft 200 °C, Gas Stufe 4–5) etwa 25 Minuten backen, bis die Oberfläche schön gebräunt ist.

Sommerliches Nudelgericht

Quiche mit Ratatouille

Für 8 Stücke
100 g Semmelbrösel
300 g frische Tagliatelle
5 EL Olivenöl
1 Glas Ratatouille (ca. 330 g)
300 g Sahne
200 g Pizzakäse
1/2 Päckchen Italienische Kräuter (TK)
3 EL Kapernfrüchte
100 g schwarze Oliven

40 Minuten Zubereitungszeit
20 Minuten Arbeitszeit

1 Den Backofen auf 220 °C (Umluft 200 °C, Gas Stufe 4–5) vorheizen. Eine Springform mit den Semmelbröseln ausstreuen und mit den Nudeln auslegen. Mit Öl beträufeln.

2 Die Ratatouille mit Sahne, Pizzakäse und Kräutern mischen und auf dem Nudelboden verteilen. Kapernfrüchte ohne Stiele und Oliven auf die Ratatouillemischung legen.

3 Die Quiche in den heißen Backofen (mittlere Schiene) schieben, den Ofen auf 200 °C (Umluft 180 °C, Gas Stufe 3–4) zurückschalten und die Quiche etwa 20 Minuten backen, bis sie leicht gebräunt ist.

Quiche mit Ratatouille – eine schnelle Nudeltorte aus französisch-italienischer Koproduktion.

Statt Ratatouille aus dem Wein- oder Feinkostladen können Sie 1 Dose Pizzatomaten aus dem Supermarkt nehmen. Für die recht flüssigen Tomaten reichen 200 bis 250 Gramm Sahne.

Die Gesunden

Ein ganzes Kapitel mit fleischlosen Quiches und Kuchen aus überwiegend vollwertigen Zutaten. Neben Weizen- und Dinkelvollkornmehl kommt auch Maismehl zum Einsatz. Wenn keine spezielle Mehlsorte angegeben ist, können Sie entweder konventionelles Weißmehl (Type 405) verwenden oder es durch Dinkelmehl ersetzen, das neben Weizen von allen Getreidesorten die besten Backeigenschaften hat.

Lauchzwiebeln mit langen, geraden Schäften wie Porree bekommen Sie fast das ganze Jahr über. Frühlingszwiebeln mit flachrunden, bis 4 Zentimeter großen weißen Knollen sind von Mitte Juni bis zum Herbst auf dem Markt. Im Geschmack gibt es keine Unterschiede bei diesen feinen, milden Zwiebelchen.

Vollwertig

Kartoffelquiche

Für 10 Stücke

Teig:

250 g Weizenvollkornmehl
200 g Weizenschrot
1 Päckchen Trockenhefe
1 TL Salz, 2 EL Öl

Belag:

3 Lauchzwiebeln
1 Knoblauchzehe
10 Salbeiblättchen
1 EL Öl
1 kg vorwiegend fest kochende Kartoffeln
250 g mittelalter Gouda
1/4 l Milch
125 g Sahne
Salz, frisch gemahlener Pfeffer
Fett für das Backblech
50 g Mandelstifte

150 Minuten Zubereitungszeit
60 Minuten Arbeitszeit

1 Mehl, Schrot, Hefe und Salz in einer Schüssel vermischen. 1/2 Liter Wasser mit dem Öl erwärmen, bis es lauwarm ist und dazugießen. Alles mit den Knethaken des Handrührgeräts etwa 5 Minuten durchrühren, bis der Teig Blasen bildet. Den Teig zugedeckt bei Zimmertemperatur etwa 60 Minuten ruhen lassen, bis sich sein Volumen verdoppelt hat.

2 Inzwischen die Lauchzwiebeln putzen, waschen und in feine Ringe schneiden. Den Knoblauch fein, die Salbeiblättchen grob zerkleinern. Alle diese Zutaten im heißen Öl bei schwacher Hitze braten, bis die Zwiebelringe glasig sind.

3 Die Kartoffeln schälen und grob raspeln. Den Käse grob raspeln. Beide Zutaten mit der Zwiebelmischung, der Milch und der Sahne in eine Schüssel geben, mit Salz und Pfeffer kräftig würzen.

4 Den Teig auf ein gefettetes Backblech streichen, den Belag darauf verteilen und mit den Mandelstiften bestreuen. Die Quiche in den kalten Backofen (mittlere Schiene) schieben und bei 180 °C (Umluft 160 °C, Gas Stufe 2–3) 40 Minuten backen.

Für Polentafans

Maiskuchen mit Tomaten

Für 8 Stücke

Teig:

100 g Weizenmehl
175 g feines Maismehl
2 TL Backpulver, Salz
60 g Butter, 1 Ei
250 ml Buttermilch
Fett für die Form

Belag:

4 feste Tomaten
1 Bund Basilikum
200 g weicher Schafskäse
3 Eier, 200 ml Milch
Salz, frisch gemahlener Pfeffer

100 Minuten Zubereitungszeit
30 Minuten Arbeitszeit

1 In einer großen Schüssel die beiden Mehlsorten mit dem Backpulver und dem Salz vermischen.

2 Das weiche Fett in einer zweiten Schüssel mit dem Handrührgerät schaumig rühren. Das Ei und die Buttermilch unterrühren, nach und nach zur Mehlmischung geben und verrühren.

3 Eine Springform von 28 Zentimeter Durchmesser fetten, den Teig einfüllen und glatt streichen.

4 Die Tomaten mit heißem Wasser überbrühen, abziehen und würfeln. Das Basilikum waschen, die Blätter abzupfen und in Streifen schneiden. Den Schafskäse zerkrümeln, mit den Tomatenwürfeln und den Basilikumblättchen mischen und auf dem Teig verteilen.

5 Den Maiskuchen mit Tomaten in den kalten Backofen (untere Schiene) stellen und bei 180 °C (Umluft 160 °C, Gas Stufe 2–3) etwa 40 Minuten backen.

6 Die Eier mit der Milch verrühren, mit Salz und Pfeffer würzen und gleichmäßig auf den Kuchen gießen. Den Kuchen noch etwa 30 Minuten backen, bis die Oberfläche schön gebräunt ist.

Vollwertig sind bei dieser Kartoffelquiche der Boden mit Vollkornmehl und der Belag mit feinen Aromen von Knoblauch, Salbei und Mandeln.

Gemüse schneiden

1 *Auf dem Gemüsehobel schneidet man festes Gemüse wie Knollensellerie, Weiß- und Rotkohl.*
2 *Mit einem scharfen Messer schneidet man Chinakohl, Spitzkohl und Löwenzahn in Streifen.*
3 *In Scheiben bzw. Ringe schneidet man Tomaten, Kartoffeln, Fenchel, Porree und Zwiebeln.*

Saftiger Wirsingkuchen mit Tomaten schmeckt sehr aromatisch.

Zum Sattessen

Wirsingkuchen

Für 10 Stücke
Teig:
400 g Dinkelmehl
50 g Dinkelflocken
1 Päckchen Trockenhefe
1/2 EL Salz
1/2 l Buttermilch
2 EL Olivenöl
Belag:
1 Wirsingkohl (ca. 700 g)
1 Fenchelknolle (ca. 250 g)
1 Zwiebel
2 EL Olivenöl
150 g Edelpilzkäse (Bleu d'Auvergne, Roquefort oder Gorgonzola)
1 Bund Petersilie
3 Eier, 200 ml Milch
1/2 TL gemahlener Koriander
Salz, Cayennepfeffer
geriebene Muskatnuss
400 g Tomaten

120 Minuten Zubereitungszeit
75 Minuten Arbeitszeit

1 Mehl, Flocken, Hefe und Salz vermischen. Buttermilch und Öl erwärmen, bis sie lauwarm sind und dazugießen. Alles mit den Knethaken des Handrührgeräts etwa 5 Minuten durchrühren, bis der Teig Blasen bildet. Teig zugedeckt bei Zimmertemperatur etwa 60 Minuten gehen lassen, bis sich das Teigvolumen verdoppelt hat.

2 Inzwischen für den Belag den Wirsing und den Fenchel putzen, waschen und in feine Streifen schneiden. Dabei das Fenchelgrün abschneiden und beiseite legen. Die Zwiebel abziehen und zerkleinern.

3 Wirsing, Fenchel und Zwiebel portionsweise im Öl bei mittlerer bis starker Hitze anbraten. Das Gemüse jeweils wieder herausnehmen und in einer Schüssel abkühlen lassen, bis es nur noch lauwarm ist.

4 Den Käse zerbröckeln. Petersilie und Fenchelgrün waschen und hacken. Mit Käse, Eiern und Milch unter das Gemüse mischen, mit Koriander, Salz, Cayennepfeffer und einer kräftigen Prise Muskatnuss abschmecken.

5 Den Teig auf ein gefettetes Backblech streichen. Belag darauf geben. Die Tomaten überbrühen, abziehen, in Scheiben schneiden und auf dem Belag verteilen.

6 Den Kuchen in den kalten Backofen (mittlere Schiene) stellen und bei 180 °C (Umluft 160 °C, Gas Stufe 2–3) etwa 45 Minuten backen, bis die Oberfläche leicht gebräunt ist.

Tipp der Köchin

Wenn Sie einen sehr kräftigen Käsegeschmack lieben, verwenden Sie Roquefort. Mögen Sie es milder, kaufen Sie Bleu d'Auvergne, der nicht wie der Roquefort aus roher Schafsmilch, sondern aus Kuhmilch hergestellt wird.

Kommt bei Kindern gut an

Blumenkohl-Brokkoli-Quiche

Für 8 Stücke

Teig:
- 200 g Mehl
- 1 TL Salz
- 2 Eier
- 1 EL Olivenöl

Belag:
- 1 kg Blumenkohl und Brokkoli gemischt
- 1 Knoblauchzehe
- 1/2 unbehandelte Zitrone
- 125 g Sahne
- 1/8 l Gemüsebrühe (Instant)
- 1 1/2 TL gemahlene Gelbwurz (Kurkuma)
- Salz, frisch gemahlener Pfeffer
- Mehl zum Ausrollen
- Fett für die Form
- 100 g Gratinkäse

150 Minuten Zubereitungszeit
50 Minuten Arbeitszeit

1 Mehl, Salz, Eier, Olivenöl und 2 Esslöffel Wasser in einer Schüssel vermischen. Alles mit den Knethaken des Handrührgeräts verrühren. Auf der Arbeitsfläche mit den Händen zu einem geschmeidigen Nudelteig kneten. Gegebenenfalls tropfenweise noch 1 bis 2 weitere Esslöffel Wasser unterkneten. Den Teig in Folie gewickelt 60 Minuten bei Zimmertemperatur ruhen lassen.

2 Blumenkohl und Brokkoli waschen, in Röschen und Stiele teilen und in reichlich Wasser 5 Minuten sprudelnd kochen lassen. Auf ein Sieb abgießen und gut abtropfen lassen.

3 Den Knoblauch abziehen und durch die Knoblauchpresse drücken, die Zitronenschale abreiben, den Saft auspressen. Alles mit Sahne, Brühe, Gelbwurz, Salz und einer kräftigen Prise Pfeffer mischen.

4 Den Teig auf Mehl mit einem Nudelholz zu dünnen Platten ausrollen. Eine Springform fetten und mit den Teigplatten auslegen; dabei rundherum einen etwa fingerhohen Rand formen.

5 Das Gemüse auf dem Teigboden verteilen, mit Salz und Pfeffer würzen und mit dem Käse bestreuen. Die Sahnemischung darüber gießen.

6 Die Quiche in den kalten Backofen (untere Schiene) stellen und bei 220 °C (Umluft 200 °C, Gas Stufe 4–5) etwa 40 Minuten backen, bis sie leicht gebräunt ist. Heiß oder lauwarm servieren.

Blumenkohl und Brokkoli, die beim Vorgaren stark riechen, sind zu lange gelagert. Bei Brokkoli erkennen Sie Überlagerung zudem an gelb gefärbten Röschen, während bei Blumenkohl nicht die Farbe der Röschen, sondern die der äußeren Hüllblätter eine Rolle spielt: Frisch geerntet sind sie saftig grün, mit der Zeit werden sie gelb.

Ohne Ei • Cholesterinarm

Herzhafter Apfelkuchen

Für 8 Stücke

2 mittelgroße Zwiebeln
2 Knoblauchzehen, 2 EL Öl
500 g säuerliche Äpfel
2 EL Zitronensaft
50 g Emmentaler
150 g Pflanzenmargarine, Salz
150 g Weizenvollkornmehl
50 g vollfettes Sojamehl
1 Messerspitze Backpulver
Fett für die Form, 10 Salzmandeln

150 Minuten Zubereitungszeit
30 Minuten Arbeitszeit

1 Zwiebeln und Knoblauch fein hacken, im heißen Öl glasig braten. Die Äpfel achteln, schälen, vom Kerngehäuse befreien und mit Zitronensaft mischen. Käse grob reiben.

2 Fett, Salz, Mehle und Backpulver mit 100 Milliliter Wasser verrühren. Käse, Zwiebeln und Knoblauch mit einem Kochlöffel untermischen.

3 Den Teig in einer gefetteten Springform glatt streichen. Äpfel und die Salzmandeln darauf verteilen. Den Kuchen in den kalten Backofen (untere Schiene) stellen und bei 180 °C (Umluft 160 °C, Gas Stufe 2–3) etwa 50 Minuten backen.

Der harmlos aussehende Apfelkuchen hat's in sich: Unter den Teig werden Knoblauch, Zwiebeln und Käse gerührt, und obendrauf liegen Salzmandeln.

Auch die Blätter von Knollengemüse enthalten meist eine Menge Bioaktivstoffe und Vitamine. Deshalb eignen sich zartes Fenchelgrün, junge Kohlrabiblättchen oder die saftigen Röhren von Lauchzwiebeln fein zerkleinert genau wie Kräuter gut zum Bestreuen.

Ohne Ei

Fenchelkuchen

Für 10 Stücke

Belag:

1/4 l Brühe, Saft von 1 Zitrone
Salz, einige Pfefferkörner
2 Lorbeerblätter
1 TL getrockneter Thymian
4 Fenchelknollen (ca. 800 g)
1 Gemüsezwiebel

Teig:

150 g mittelalter Gouda
500 g Mehl
1 Päckchen Backpulver
2 TL getrockneter Majoran
1/2 TL gemahlener Kümmel
1 1/2 TL Salz
etwa 3/8 l Hefeweizenbier
Fett für das Backblech
200 g Scheiblettenkäse

100 Minuten Zubereitungszeit
40 Minuten Arbeitszeit

1 Brühe, Zitronensaft, Salz, Pfefferkörner, Lorbeerblätter und Thymian 10 Minuten im offenen Topf bei starker Hitze auf die Hälfte einkochen lassen. Durch ein Sieb gießen.

2 Fenchelknollen putzen, waschen, halbieren und in Scheiben schneiden. Die Zwiebel abziehen und in Ringe schneiden. Beides in der heißen Gewürzbrühe 10 Minuten kochen, abgießen und die Brühe für den Teig auffangen.

3 Käse fein reiben. Mit Mehl, Backpulver, Majoran, Kümmel und Salz mischen. Das Hefeweizenbier mit der Fenchelbrühe auf 1/2 Liter ergänzen und zugießen. Alles zu einem glatten Teig verarbeiten.

4 Ein gefettetes Backblech mit dem Teig ausstreichen, das Gemüse darauf verteilen und mit den Scheibletten bedecken. Den Kuchen in den kalten Backofen (mittlere Schiene) schieben und bei 180 °C (Umluft 160 °C, Gas Stufe 2–3) 40 bis 50 Minuten backen.

Imbiss zum Wein

Hefetörtchen mit Käse

Für 6 Stück

Teig:

250 g Weizenvollkornmehl
1/2 Päckchen Trockenhefe
Salz, 1 Prise Zucker
180 ml Milch
20 g Butter, 1 Ei
abgeriebene Schale von 1/4 unbehandelten Zitrone

Belag:

75 g gemischte Kräuter
1 Knoblauchzehe
200 g Rahmfrischkäse
1–3 EL geriebener Parmesan
1 Eigelb
Salz, frisch gemahlener Pfeffer
geriebene Muskatnuss
Mehl zum Formen
Fett für das Backblech

120 Minuten Zubereitungszeit
45 Minuten Arbeitszeit

1 Mehl, Hefe, Salz und Zucker in einer Schüssel vermischen. Lauwarme Milch, weiches Fett, Ei und Zitronenschale zugeben und alles mit den Knethaken des Handrührgeräts etwa 5 Minuten durchrühren, bis der Teig Blasen bildet.

2 Den Teig zugedeckt bei Zimmertemperatur etwa 60 Minuten ruhen lassen, bis sich sein Volumen verdoppelt hat.

3 Inzwischen die Kräuter waschen, trocknen und fein hacken. Den Knoblauch abziehen und zerdrücken. Den Frischkäse mit dem Parmesan und dem Eigelb verrühren. Kräuter und Knoblauch unterrühren, mit Salz, Pfeffer und Muskat würzen.

4 Den Teig mit den Händen durchkneten und in 6 Portionen teilen. Jedes Stück auf der bemehlten Arbeitsfläche mit dem Handballen zu einem handtellergroßen Törtchen auseinander drücken.

5 Die Törtchen auf ein gefettetes Backblech legen. Die Ränder der Törtchen etwas nach oben drücken. Die Törtchen mit dem Belag bestreichen, in den kalten Backofen (mittlere Schiene) schieben und bei 200 °C (Umluft 180 °C, Gas Stufe 3–4) etwa 40 Minuten backen.

Die Hefetörtchen mit zartem Kräuter-Käse-Aufstrich schmecken als vollwertiger Imbiss am Abend. Mit Salat bilden sie gar eine vollständige, leichte Mahlzeit.

Mit einem Löffel Parmesan schmeckt die Creme mild, drei Löffel würzen so herzhaft, dass Sie mit Salz sparen können.

Nach China-Art gewürzt

Tofuquiche

Tofu, den eiweißreichen, cholesterinfreien Sojaquark, gibt es in Naturkostläden und Reformhäusern. Man muss ihn immer zubereiten – also backen, in Wok oder Pfanne braten, frittieren, schmoren oder dünsten. Tofupulver aus dem Asienladen ist besonders praktisch, wenn Sie häufig Tofu essen, aber nicht planen mögen: Man kann es lange aufbewahren und schnell anrühren.

Für 8 Stücke

Teig:

- 200 g Mehl, Salz
- 75 g Butter
- 2 EL Buttermilch
- Fett für die Form

Belag:

- 250 g Tofu
- 1 Stück frischer Ingwer (ca. 3 cm)
- 1 Bund Dill
- Saft von 1 Zitrone
- 200 g Champignons
- 1 Bund Lauchzwiebeln
- 2 EL Erdnussöl
- Salz, frisch gemahlener Pfeffer
- 1 Ei, 200 g Crème fraîche
- 3 EL Milch
- 50 g mittelalter Bergkäse

120 Minuten Zubereitungszeit
40 Minuten Arbeitszeit

1 Das Mehl mit Salz, der weichen Butter, Buttermilch und 70 Milliliter Wasser mit den Knethaken des Handrührgeräts zu einem glatten Teig kneten.

2 Den Teig mit einem Löffel in eine gefettete Springform geben. Den Löffelrücken in kaltes Wasser tauchen und den Teig in der Form verteilen, dabei einen gut fingerbreiten Rand hoch drücken und den Löffel immer wieder in kaltes Wasser tauchen, damit der Teig nicht haften bleibt. Den Teigboden in der Form 60 Minuten kühlen.

Die feine Schärfe von frischem Ingwer verleiht – zusammen mit dem Erdnussöl – der Tofuquiche einen Hauch von asiatischer Exotik.

3 Den Tofu trockentupfen und in etwa 1 Zentimeter große Würfel schneiden. Den geschälten Ingwer und den gewaschenen Dill fein hacken. Tofu, Ingwer, Dill und Zitronensaft mischen und 30 Minuten ziehen lassen.

4 Die Pilze und die Lauchzwiebeln putzen, kurz waschen, in dünne Scheiben schneiden und im heißen Öl bei starker Hitze unter ständigem Rühren kräftig braun rösten. Abkühlen lassen.

5 Den Kuchenboden in den kalten Backofen (mittlere Schiene) stellen und bei 220 °C (Umluft 200 °C, Gas Stufe 4–5) 15 Minuten vorbacken.

6 Den Tofu mit den Pilzen mischen, mit Salz und Pfeffer würzen und auf dem Kuchenboden verteilen. Das Ei mit Crème fraîche, Milch, Salz und Pfeffer verrühren und darüber gießen. Den Käse reiben und darüber streuen.

7 Die Quiche wieder in den Backofen schieben und bei 200 °C (Umluft 180 °C, Gas Stufe 3–4) weitere 25 bis 30 Minuten backen, bis sie leicht gebräunt ist.

Tipp der Köchin

Tofugerichte brauchen kräftige Würze. Deshalb werden hier sowohl der Belag als auch der Guss mit Salz und Pfeffer abgeschmeckt.

Die Süßen

Besonders an die französischen Obsttartes haben viele reisende Gourmets schon ihr Herz verloren: Hauchdünn ausgerollter Teig wird mit Obst belegt, gebacken und meist als Dessert serviert. Die Schweizer backen da schon gehaltvoller und überziehen ihre Wähen am Schluss noch mit einem Sahne-Eier-Guss. Lassen Sie sich von unseren Ideen inspirieren…

Für den Herbst

Zwetschgenwähe

Reife, süsse Herbstzwetschgen eignen sich zum Backen besser als sommerliche Pflaumen, weil sie weniger Saft abgeben, so dass der Wähenboden knusprig wird.

Für 8 Stücke

Teig:
250 g Mehl
1 EL brauner Zucker
Salz, 100 g Butter
1 EL Zitronensaft
1 EL Weinbrand
Fett für die Form

Belag:
1 kg Zwetschgen
100 g Sahne
1 Ei
50 g Puderzucker
1 EL Vanillezucker
1/2 TL Zimtpulver

120 Minuten Zubereitungszeit
40 Minuten Arbeitszeit

1 Das Mehl mit Zucker, Salz, dem weichen Fett, Zitronensaft, Weinbrand und 100 Milliliter Wasser mit den Knethaken des Handrührgeräts zu einem glatten Teig kneten.

2 Den Teig mit einem Löffel in eine gefettete Springform von 28 Zentimeter Durchmesser geben. Den Löffelrücken in kaltes Wasser tauchen und den Teig in der Form verteilen. Dabei einen gut fingerbreiten Rand hoch drücken und den Löffel immer wieder in kaltes Wasser tauchen, damit der Teig nicht haften bleibt. Den Teigboden 60 Minuten kühlen.

3 Die Wähe in den kalten Backofen (mittlere Schiene) stellen und bei 220 °C (Umluft 200 °C, Gas Stufe 4–5) 15 Minuten vorbacken.

4 Die Zwetschgen waschen, halbieren und entkernen. Mit der Wölbung nach unten auf dem Teigboden verteilen.

5 Die Sahne mit Ei, Puderzucker, Vanillezucker und Zimtpulver verrühren und über die Zwetschgen gießen. Die Wähe für weitere 25 bis 30 Minuten in den Backofen schieben, bis sie an der Oberfläche leicht gebräunt ist.

Gerührten Mürbeteig in die Form geben

1 Der Teig ist zu weich zum Ausrollen, deshalb gibt man ihn mit einem Löffel in die Form.

2 Den Löffelrücken in kaltes Wasser tauchen und den Teig auseinander drücken.

3 Einen gut fingerbreiten Rand hoch drücken. Den Löffel dabei immer wieder ins Wasser tauchen.

Ganz frisch am besten

Sauerkirschtarte

Für 4 Stücke

Teig:

4 Scheiben Blätterteig (TK, ca. 300 g)

Mehl für die Arbeitsfläche

Belag:

1 großes Glas Sauerkirschen

50 g Mandelstifte

1 EL Butter

2 EL Zucker

2 Eier

100 g saure Sahne

60 Minuten Zubereitungszeit
20 Minuten Arbeitszeit

1 Die Blätterteigscheiben nebeneinander gelegt auftauen lassen, ausrollen und in eine Springform geben; dabei einen kleinen Rand formen. Den Teigboden mit einer Gabel mehrmals einstechen.

2 Die Sauerkirschen abtropfen lassen. Die Mandelstifte in der Butter goldbraun rösten.

3 Kirschen und Mandeln auf dem Teigboden verteilen. Zucker, Eier und Sahne verquirlen und darüber gießen. Die Tarte in den kalten Backofen (mittlere Schiene) stellen und bei 200 °C (Umluft 180 °C, Gas Stufe 3–4) etwa 40 Minuten backen.

Die Sauerkirschtarte schmeckt mit Früchten aus Glas oder Dose genauso gut wie mit frischen und ist schnell gebacken.

Für die winterliche Teestunde

Feigentarte mit Aprikosenlikör

Braunen, sehr aromatischen Rohr- oder Rübenzucker gibt es im Naturkostladen oder Reformhaus. Bei der Herstellung wird der Saft aus Zuckerrohr oder Rüben getrocknet und anschließend gemahlen.

Für 12 Stücke

- 500 g getrocknete Feigen
- 6 EL Aprikosenlikör
- 200 g Walnusskerne
- 1 Vanilleschote
- 150 g Butter
- 150 g brauner Rohr- oder Rübenzucker
- 3 Eier
- 250 g Mehl
- 1 TL Backpulver
- Fett und Pergamentpapier für die Form
- Saft von 1 Orange
- Puderzucker zum Bestreuen

250 Minuten Zubereitungszeit
25 Minuten Arbeitszeit

1 Die Feigen in kleine Stücke schneiden, mit dem Likör in einer kleinen Schüssel mischen und etwa 3 Stunden ziehen lassen.

2 Die Walnüsse klein hacken. Die Vanilleschote der Länge nach aufschneiden und das Mark herauskratzen.

3 Die weiche Butter mit dem Vanillemark, Zucker, Eiern, Mehl und Backpulver mit den Quirlen des Handrührgeräts in einer Schüssel verrühren. Die Feigen mit dem Likör und den Nüssen unter den Teig mischen.

4 Den Teig in eine mit gefettetem Pergamentpapier ausgelegte Springform füllen und glatt streichen.

5 Die Tarte in den kalten Backofen (mittlere Schiene) stellen und bei 175 °C (Umluft 150 °C, Gas Stufe 2) etwa 45 Minuten backen. Nach 10 Minuten mit Pergamentpapier abdecken, damit die Oberfläche nicht zu stark bräunt.

6 Die Tarte aus der Form lösen und mehrmals mit einer Rouladennadel oder einem Holzstäbchen einstechen.

7 Den Orangensaft über die Tarte träufeln. Die Tarte erkalten lassen und vor dem Servieren mit Puderzucker bestäuben.

Tipp der Köchin

Wenn Kinder mitessen, nehmen Sie statt Aprikosenlikör Sauerkirschsaft mit Orangensaft gemischt.

Schmeckt süß und marzipanig

Pfirsichtarte

Für 8 Stücke
Belag:
2 reife Pfirsiche (ca. 300 g)
Teig:
125 g Butter, 2 Eier
75 g brauner Zucker
75 g Marzipanrohmasse
200 g Mehl, 2 TL Backpulver
50 g gemahlene Mandeln, 3 EL Milch
Fett für die Form
Puderzucker zum Bestäuben

60 Minuten Zubereitungszeit
30 Minuten Arbeitszeit

1 Die Pfirsiche überbrühen, abziehen, entsteinen und vierteln. Für den Teig das weiche Fett mit Eiern, Zucker und zerbröckeltem Marzipan schaumig rühren. Mehl mit Backpulver und Mandeln mischen und unterrühren. Zum Schluss die Milch untermischen.

2 Den Teig in einer gefetteten Tarteform glatt streichen und die Pfirsichstücke darauf verteilen. Die Tarte in den kalten Backofen (mittlere Schiene) schieben und bei 200 °C (Umluft 180 °C, Gas Stufe 3–4) etwa 30 Minuten backen. Abkühlen lassen und mit Puderzucker bestäuben.

Mandeln und Marzipan im Teig machen die Pfirsichtarte zu einem himmlischen Dessert. Sie ist natürlich auch zur nachmittäglichen Kuchenrunde geeignet.

Apfelkraut ist ein Süßungsmittel und wird durch Eindicken von Apfelsaft gewonnen. Apfelkraut ist in Reformhäusern und gut sortierten Supermärkten erhältlich. Nehmen Sie für diese Tarte eine Apfelsorte, die beim Backen zerfällt – z. B. Boskop, Cox Orange, Gloster oder Jonathan.

Feine Vollwerttorte mit Herbstfrüchten und Wintergewürz: Äpfel und Preiselbeeren vereinigen sich mit Zimt, Muskat und Nelken zu einer verführerisch duftenden Obsttarte.

Fein und fruchtig

Obsttarte mit Streuseln

Für 12 Stücke

Teig:
- 100 g Butter
- 50 g Rohr- oder Rübenzucker
- 25 g Apfelkraut
- Salz
- 1/4 TL gemahlene Vanille
- abgeriebene Schale von 1/2 unbehandelten Orange
- 1 Ei
- 200 g Dinkelvollkornmehl
- 2 TL Ingwerpulver
- je 1 TL Nelkenpfeffer (Piment) und Zimtpulver
- 1/2 TL geriebene Muskatnuss
- 1 TL Backpulver
- 2–3 EL Milch
- Fett für die Form

Belag:
- 100 g Butter
- 150 g Zucker
- 100 g Mehl
- 1 TL Zimtpulver
- Salz
- 20 g italienische Mandelplätzchen (Amarettini)
- 500 g Äpfel
- 250 g Preiselbeerkompott

100 Minuten Zubereitungszeit
50 Minuten Arbeitszeit

1 Das weiche Fett mit Rohrzucker, Apfelkraut, einer Prise Salz, Vanille und Orangenschale mit den Quirlen des Handrührgeräts schaumig rühren. Das Ei dazugeben. Mehl sieben und mit den Gewürzen und dem Backpulver vermischt unterrühren, bis sich alle Zutaten miteinander verbunden haben. So viel Milch untermischen, dass der Teig cremig fest ist.

2 Den Teig in eine gefettete Springform geben, mit einem in kaltes Wasser getauchten Löffel gleichmäßig verteilen, dabei einen etwa 3 Zentimeter hohen Rand hoch drücken. Den Teig in der Form 30 Minuten kalt stellen.

3 Inzwischen die Butter für den Belag zerlassen. Den Zucker mit Mehl, Zimt, einer Prise Salz und der flüssigen Butter mit einer Gabel zu Streuseln vermengen. Die Mandelplätzchen in einen Gefrierbeutel füllen und mit der Nudelrolle fein zerkrümeln.

4 Die Äpfel waschen, vierteln, schälen, vom Kerngehäuse befreien und in kleine Stücke schneiden. In einer Schüssel mit dem Preiselbeerkompott mischen.

5 Den Teigboden in der Form in den kalten Backofen (mittlere Schiene) stellen und bei 200 °C (Umluft 180 °C, Gas Stufe 3–4) 10 Minuten vorbacken.

6 Den vorgebackenen Teigboden mit den Plätzchenbröseln bestreuen, mit der Apfelmasse belegen und die Streusel darauf verteilen. Die Tarte bei 200 °C (Umluft 180 °C, Gas Stufe 3–4) weitere 40 Minuten backen. Lauwarm oder kalt servieren.

Cholesterinarm

Papayatarte

Für 8 Stücke

Teig:
- 150 g Butter
- 100 g Rohr- oder Rübenzucker
- 1 TL gemahlene Vanille
- 1 Prise Salz
- abgeriebene Schale und Saft von 1/2 unbehandelten Zitrone
- 175 g Weizenvollkornmehl
- 30 g vollfettes Sojamehl
- 1 TL Backpulver
- Fett für die Form

Belag:
- 2 reife Papayas
- 100 g Johannisbeergelee
- Saft von 1 Orange
- 100 g Kokosraspel
- 2 Eiweiß
- 50 g Zucker

Die Baiserhaube sollten Sie nicht mit Umluft überbacken, sonst wird sie zäh.

70 Minuten Zubereitungszeit
30 Minuten Arbeitszeit

1 Die weiche Butter mit Zucker, Vanille, Salz und Zitronenschale und -saft mit den Quirlen des Handrührgeräts in einer Schüssel schaumig rühren.

2 Das Mehl mit Sojamehl und Backpulver vermischen und darunter rühren. Etwa 150 Milliliter kaltes Wasser zugeben, so dass sich alle Zutaten zu einem cremigen Teig verbinden, der in langen Zapfen von den Quirlen des Handrührgeräts fällt.

3 Den Teig in eine gefettete Springform füllen, in den Backofen (mittlere Schiene) stellen und bei 200 °C (Umluft 180 °C, Gas Stufe 3–4) 10 Minuten vorbacken.

4 Inzwischen die Papayas halbieren, die Kerne mit einem Esslöffel entfernen, Fruchthälften schälen und in etwa fingerdicke Schnitze teilen.

5 Die Papayaschnitze schuppenförmig auf den Kuchenboden legen. Das Johannisbeergelee mit dem Orangensaft verrühren und die Papayaschnitze damit bestreichen. Die Hälfte der Kokosraspel darüber streuen. Die Tarte wieder in den Backofen schieben und 20 Minuten backen.

6 Das Eiweiß sehr steif schlagen und dabei den Zucker einrieseln lassen. Die restlichen Kokosraspel untermischen. Die Tarte mit dem Eischnee bestreichen und bei 220 °C (Umluft 200°C, Gas Stufe 4–5) etwa 10 Minuten überbacken.

Tipp der Köchin

Mit Sojamehl aus Reformhaus oder Naturkostladen können Sie cholesterinarm backen, denn es ersetzt im Kuchenteig die Eier.

Züm Five o'clock tea

Englische Apfeltarte

Für 8 Stücke

250 g Weizenmehl (Type 1050)
1 1/2 TL Backpulver, 1 Prise Salz
125 g weiche Butter
300 g säuerliche Äpfel
125 g brauner Zucker
1/2 TL Zimtpulver
3 EL Cidre (Apfelwein)
1 Ei
Fett für die Form
2 EL Butter

70 Minuten Zubereitungszeit
20 Minuten Arbeitszeit

1 Das Mehl mit dem Backpulver und dem Salz vermischen. Das weiche Fett mit einer Gabel untermischen, bis das Ganze wie Brotkrumen aussieht.

2 Die Äpfel vierteln, schälen, vom Kerngehäuse befreien und grob raspeln. Mit Zucker, Zimt, Cidre und Ei in den Teig rühren.

3 Den Teig in einer gefetteten Springform glatt streichen. Die Tarte in den kalten Backofen (mittlere Schiene) schieben und bei 180 °C (Umluft 160 °C, Gas Stufe 2–3) etwa 50 Minuten backen. Noch lauwarm servieren.

Britische Kuchen zum kräftigen Tee mit Milch werden meist gut gewürzt: zum Beispiel mit braunem Zucker und einem ordentlichen Schuss Apfelwein.

In England gibt es zu diesem Kuchen »clotted cream«, süße Sahne, die fast so dick und streichfest wie Butter ist. Schmand, Schlagsahne oder Vanilleeis sind die kontinentalen Alternativen.

Quitten, die goldgelben Herbstfrüchte mit samtig-rauer Schale, gibt es von September bis November auf dem Markt, bei Gemüsehändlern und in türkischen Lebensmittelgeschäften. Roh sind sie hart und sauer wie Rhabarber, gekocht oder gebacken weich und saftig. Vertrauen Sie beim Kaufen Ihrer Nase: Reife, aromatische Quitten strömen einen intensiven, angenehmen Duft aus.

Früchtiger Herbstküchen

Quittenquiche

Für 10 Stücke

Teig:
350 g Mehl
Salz
125 g Butter

Belag:
1 kg Quitten
1 Päckchen Vanillepuddingpulver
300 ml Fruchtsauce mit Erdbeeren oder Himbeeren (Fertigprodukt)
Saft und abgeriebene Schale von 1 unbehandelten Orange
1 TL Lebkuchengewürz
Fett für das Blech
2 EL Puderzucker

120 Minuten Zubereitungszeit
75 Minuten Arbeitszeit

1 Mehl und Salz in einer Schüssel mischen. Das Fett schmelzen und dabei goldbraun werden lassen. Den Topf von der Kochstelle nehmen, das Fett abkühlen lassen, bis es nur noch lauwarm ist. 150 Milliliter Wasser zugießen, zum Mehl geben und mit einem Kochlöffel rasch vermischen. Den Teig 60 Minuten kühlen.

2 Quitten waschen, schälen, in Stücke schneiden und dabei vom Kerngehäuse befreien. Die Quitten mit 1/4 Liter Wasser langsam zum Kochen bringen. Puddingpulver mit 200 Milliliter Wasser glatt rühren, zu den Quitten geben und alles unter Rühren erhitzen, bis das Kompott dickflüssig ist. Mit Fruchtsauce, Orangensaft und -schale und Lebkuchengewürz verrühren und abkühlen lassen. Dabei immer wieder umrühren.

3 Ein Backblech fetten, den Teig darauf ausrollen. Mit dem Daumen rundherum einen etwa fingerbreiten Rand hoch drücken. Quittenmus auf dem Kuchenboden verteilen und mit dem Puderzucker bestreuen.

4 Die Quiche in den kalten Backofen (mittlere Schiene) schieben und bei 180 °C (Umluft 160 °C, Gas Stufe 2–3) 45 Minuten backen.

Leicht und erfrischend

Johannisbeertarte

Für 8 Stücke

Teig:
175 g Mehl
75 g Butter
75 g Zucker
50 g gemahlene Mandeln
abgeriebene Schale und Saft von 1/2 unbehandelten Zitrone
Salz
1 TL Zimtpulver
1 TL gemahlene Nelken
1 kleines Ei

Belag:
750 g rote Johannisbeeren
125 g Zucker
1 Ei, 125 g Sahne

90 Minuten Zubereitungszeit
30 Minuten Arbeitszeit

1 Mehl, weiches Fett, Zucker, Mandeln, abgeriebene Zitronenschale, Zitronensaft, Salz, Zimt, Nelken und Ei mit den Knethaken des Handrührgeräts vermischen, bis alles krümelig ist. Auf der Arbeitsfläche mit den Händen zu einem glatten Teig verkneten.

2 Eine Springform mit dem Teig auskleiden, dabei einen etwa 4 Zentimeter hohen Rand formen. Den Teigboden mit einer Gabel mehrmals einstechen und für 60 Minuten in den Kühlschrank stellen.

3 Die Johannisbeeren wenn nötig kurz waschen, mit einer Gabel von den Stielen streifen und mit dem Zucker mischen. Das Ei trennen. Das Eigelb und die Sahne verrühren.

4 Das Eiweiß mit dem Schneebesen leicht verschlagen. Den Teigboden damit bestreichen, damit er nicht durchweicht. Die Springform in den kalten Backofen (mittlere Schiene) stellen und den Boden bei 220 °C (Umluft 200 °C, Gas Stufe 4–5) 20 Minuten vorbacken.

5 Die Beeren auf dem Teigboden verteilen, mit der Eiersahne übergießen und die Tarte bei 200 °C (Umluft 180 °C, Gas Stufe 3–4) weitere 20 bis 30 Minuten backen.

Fruchtige Johannisbeertarte – die feine Säure der Beeren harmoniert wunderbar mit dem sahnig-milden Eierguss.

Für viele Schleckermäuler

Rhabarbertarte vom Blech

Die Rhabarbertarte schmeckt auch mit Beeren, entsteinten Sauerkirschen oder Aprikosenstücken.

Für 10 Stücke

700 g Rhabarber, 300 g Zucker
100 g Butter, 750 g Sahnequark
1/2 l Milch
abgeriebene Schale von 1/2 unbehandelten Zitrone
1/2 TL gemahlene Vanille
200 g Mehl, 100 g Grieß
1/2 Päckchen Backpulver

75 Minuten Zubereitungszeit
30 Minuten Arbeitszeit

1 Den Rhabarber waschen, putzen und in Stücke schneiden. Mit der Hälfte des Zuckers mischen.

2 Das Fett zerlassen und in die Fettpfanne des Backofens gießen.

3 Quark mit Milch, Zitronenschale, Vanille und restlichem Zucker verrühren. Rhabarber untermischen.

4 Mehl, Grieß und Backpulver mischen und gleichmäßig in die Fettpfanne streuen. Die Quarkmischung in Häufchen darauf verteilen. Sobald diese auseinander geflossen sind und der Belag die Fettpfanne ausfüllt, die Tarte in den Backofen schieben.

5 Den Backofen auf 200 °C (Umluft 180 °C, Gas Stufe 3–4) schalten und die Tarte etwa 45 Minuten backen.

Auch als Dessert

Mirabellentarte

Für 6 Stücke

Teig:
250 g Mehl, 50 g Zucker
Salz, 125 g Butter
Belag:
600 g Mirabellen, 50 g Zucker
1 Ei
100 g saure Sahne
125 g gemahlene Nüsse

90 Minuten Zubereitungszeit
30 Minuten Arbeitszeit

1 Das Mehl mit Zucker, Salz, weichem Fett und etwa 3 Esslöffeln Wasser zu einem glatten Mürbeteig verkneten. Bei Bedarf tropfenweise kaltes Wasser unterkneten.

2 Eine Springform mit Teig auskleiden und einen 3 Zentimeter hohen Rand formen. Den Boden mehrmals einstechen und 60 Minuten kühlen.

3 Die Mirabellen waschen, entsteinen und halbieren. Zucker mit Ei, saurer Sahne und Nüssen verrühren.

4 Den Kuchenboden in den kalten Backofen (untere Schiene) stellen und bei 200 °C (Umluft 180 °C, Gas Stufe 3–4) 10 Minuten vorbacken.

5 Die Mirabellen schuppenförmig auf den Kuchenboden legen, die Eiersahne darüber gießen, die Tarte wieder in den Backofen schieben und in 30 Minuten fertig backen.

Rezeptregister

Die Autorin
Dr. Barbara Rias-Bucher, geboren in München, Mitglied des Food Editors Club, arbeitet seit über 30 Jahren für renommierte Verlage. International bekannt wurde sie durch ihre Bücher zu vegetarischer und vollwertiger Ernährung. Sie wurde mehrfach von der Gastronomischen Akademie Deutschlands ausgezeichnet, und die Auflagen ihrer etwa 150 Bücher liegen inzwischen bei über vier Millionen. Barbara Rias-Bucher zählt zu den wichtigsten deutschen Kochbuchautorinnen und gilt als Expertin für gesundes Essen, das auch Feinschmecker mögen.

Der Fotograf
Karl Newedel arbeitet als Food-Fotograf in München. Dabei profitiert er stark von seiner klassischen Kochausbildung. Bereits mit 23 Jahren war er Küchenchef in einem renommierten Münchner Hotel. 1982 wechselte er in den Bereich der Food-Fotografie, wo er sich zunächst als freischaffender Food-Stylist für Verlage, Werbeagenturen und Filmproduktionen einen Namen gemacht hat. Seit 1996 steht er im eigenen Studio selbst hinter der Kamera. Bei der Fotoproduktion für dieses Buch wurde Karl Newedel von Kerstin Groh (Step-Fotografie) und Walter Lutz (Studioküche) unterstützt.

Bildnachweis
Alle Fotos stammen von Karl Newedel, München, mit Ausnahme der Freisteller (Südwest Verlag).

Impressum

Umschlaggestaltung:
Atelier Versen, Bad Aibling
Layout: Manuela Hutschenreiter

Die Ratschläge in diesem Buch sind von der Autorin und vom Verlag sorgfältig erwogen und geprüft, dennoch kann eine Garantie nicht übernommen werden. Eine Haftung der Autoren bzw. des Verlags und seiner Beauftragten für Personen-, Sach- und Vermögensschäden ist ausgeschlossen.

Satz dieser Ausgabe:
Filmsatz Schröter, München

Druck: Neografia, Martin

Printed in Slovakia

Das für diesen Titel verwendete FSC-zertifizierte Papier *Allegro* halbmatt wurde produziert von Sappi Biberist und geliefert durch Berberich.

ISBN: 978-3-8094-2195-5

817 2635 4453 6271